丝路百城传

丝路百城传

特立,不独行

从空中俯瞰阿根廷首都与拉普拉塔河(马丁·特伯/维基共享资源)

渔人俱乐部(路易斯·阿格里奇/维基共享资源)

里亚丘埃洛河与博卡港口(尼克·凯斯托)

平坦的潘帕斯大草原（路易斯·阿格里奇/维基共享资源）

牧场上的牛只：属于阿根廷的财富（马克西米利亚诺·阿尔巴/维基共享资源）

身着传统服装的19世纪高乔人（库雷特·赫曼诺斯摄影，秘鲁利马/维基共享资源）

独立一百周年之际的玫瑰宫(二百周年纪念博物馆提供)

俯瞰五月广场 25 号的总统府露台(德齐卡/维基共享资源)

位于里亚丘埃洛河附近的布朗海军上将之家(维基共享资源)

历史悠久的市政厅(欧里科·津布雷斯/维基共享资源)

水务公司大楼（HalloweenHJB/维基共享资源）

国会立法大楼（法比安·米内蒂/维基共享资源）

卡瓦纳大厦：布宜诺斯艾利斯第一座摩天大楼（菲利普·卡珀/维基共享资源）

灵感源于但丁的巴罗洛宫（Mgropius/维基共享资源）

雷蒂罗广场上的"英国钟塔"(菲利普·卡珀/维基共享资源)

雷科莱塔国家公墓(安德鲁·柯里/维基共享资源)

位于市中心的方尖碑（亚历克斯·普罗莫斯比/维基共享资源）

七月九日大道（w:es:Usuario:Barcex/维基共享资源）

博卡区卡米尼托巷（胡玛瓦卡/维基共享资源）

博卡区的卡洛斯·加德尔、艾薇塔与马拉多纳（摄影：亚当·琼斯 adamjones.freeservers.com）

博卡区的彩绘木屋（路易斯·阿格里奇/维基共享资源）

布宜诺斯艾利斯最早的奠基人佩德罗·德·门多萨(贝尔格拉诺/维基共享资源)

独立斗争中的英雄曼努埃尔·贝尔格拉诺(穆希/维基共享资源)

将军总统巴托洛梅·米特雷(Poco a poco/维基共享资源)

凯撒·伊波利托·巴克莱讽刺 19 世纪 30 年代的布宜诺斯艾利斯时尚（尼克·凯斯托）

普里利迪亚诺·普埃雷东笔下的独裁者罗萨斯之女曼努埃莉塔（谷歌艺术计划）

卡耶塔诺·德斯卡尔西所绘1840 年的胡安·曼努埃尔·罗萨斯（国家历史博物馆）

1948年，胡安·多明戈·庇隆与艾娃·杜阿尔特·庇隆正处于权力与时尚的巅峰（二百周年纪念博物馆提供）

艾薇塔1952年过世后成为圣人候选人（维基共享资源）

庇隆在1947年，他是新阿根廷的创造者（二百周年纪念博物馆提供）

探戈的灵魂——班多钮（帕维尔·克罗克/维基共享资源）

布宜诺斯艾利斯街头探戈（迈克尔·克拉克·斯塔夫/维基共享资源）

阿巴斯托市场外卡洛斯·加德尔的雕像，他在这里长大（乔帕拉/维基共享资源）

月亮公园是布宜诺斯艾利斯的"运动殿堂"（莱安德罗·基比兹/维基共享资源）

博卡青年足球俱乐部（Zweifüssler/维基共享资源）

河床竞技足球俱乐部（胡列塔·曼库索·比利亚尔/维基共享资源）

 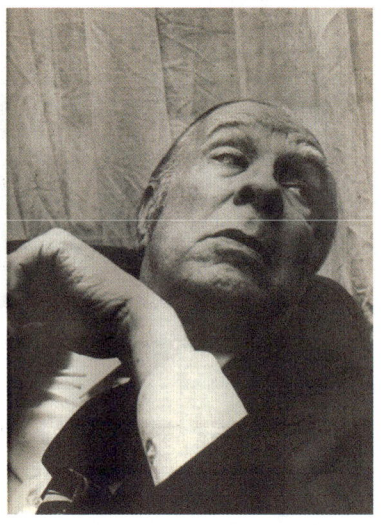

知识分子总统多明戈·福斯蒂诺·萨米恩托（依扎拉特/维基共享资源）

布宜诺斯艾利斯的寓言家豪尔赫·路易斯·博尔赫斯在 1978 年（维基共享资源）

作家维多利亚·奥坎波大名鼎鼎的市郊别墅（比阿特丽斯·默奇/维基共享资源）

人们喜闻乐见的美食：传统阿萨多（格迪亚兹／维基共享资源）

阿根廷人教皇弗朗西斯一世与克里斯蒂娜·费尔南德斯·基什内尔总统及一名男性保镖（casarosada.gob.ar/ 维基共享资源）

五月大道上的托尔托尼老式咖啡馆（Ferchulania05/维基共享资源）

位于拉普拉塔河口的马丁加西亚岛（维基共享资源）

埃斯特角是属于邻国乌拉圭的休闲胜地（罗伯托·蒂茨曼/维基共享资源）

与布宜诺斯艾利斯相隔一河口的殖民小镇萨克拉门托（HalloweenHJB/维基共享资源）

位于布宜诺斯艾利斯附近的圣地主题公园铁拉桑塔公园（劳拉·瓦勒加/维基共享资源）

"丝路百城传"丛书

刘传铭　主编

THE BIOGRAPHY *Of* BUENOS AIRES

大 西 洋 岸 边 的 不 老 舞 者

布宜诺斯艾利斯传

Buenos Aires

［英］尼克·凯斯托———著　毕然———译　岳凌———审校

@IPG 中国国际出版集团　新星出版社　NEW STAR PRESS

总　序

刘传铭

如果说丝绸之路研究让我们洞见了一部全新的世界史，一定会有人表示惊讶与质疑；

如果说城市的创造是迄今为止人类文明进程中最伟大的事情，则一定会得到人们普遍的支持与认同。

"丝路百城传"丛书的策划正是发轫于这样一个历史观的文化叙述：

丝绸之路是一条无路之路；

丝绸之路是一条既古老又年轻，"不知其始为始，不知其终为终"的漫漫长路；

丝绸之路是一条历史时空里时隐时现，变动不居，连点成线，连线成网的超级公路；

丝绸之路是点实线虚、点变线变、点之兴衰即线之存亡的交通形态，那些关山阻隔、望洋兴叹的城市，便如一颗颗璀璨的明珠镶嵌在路；

丝绸之路是一个文化概念，叠加其上的影像曾被不同国家不同民族的人们呼作：铜铁之路、纸张之路、皮毛之路、奴隶之路、铁蹄之路、黄金之路、朝贡之路、宗教之路；

丝绸之路是中西文明交流与传播、邦国拓展、民族融合之路，也是西方探秘中国、解码东方之路，更是我们反躬自问"我是谁？我从哪里来？我向何处去？"的寻根之路、回家之路；

丝绸之路是今日中国走向世界的新起点、新思路，是"一带一路"中国倡议走向人类命运共同体的未来之路……

无可否认，一个世纪以来，丝路研究之话语为李希霍芬、斯文·赫定、斯坦因、伯希和、大谷光瑞、于格、橘瑞超、芮乐伟·韩森、彼得·弗兰科潘等东西方人所主导。然而半个世纪以来的大国崛起，正在使"夫唯不争"之中国快速走向文化振兴。我们要将《大唐西域记》《真腊风土记》的传统正经补史、继绝往圣、启迪民智、传播正信，同时也将丝绸之路城市传文学以实为说、以城为据、芳菲想象、拒绝平庸的创作视为新使命、新挑战。让"城市传"这样一个文学体裁开出新时代的鲜花。

凭谁问：昆仑巍峨、河源滔滔、玉山储秀、戍堡寂寞；

凭谁问：旌节刻恨、驼铃悠远、琵琶起舞、古调胡旋；

凭谁问：秦汉何在、唐宋可甄、东西接引、前路正新；

凭谁问：八剌沙衮今何在？罗马的钟声谁敲响；

凭谁问：撒马尔罕的金桃今何在？帕米尔上的通天塔何时建成、何时倾倒？

凭谁问：伊斯兰世界的科学造诣何时传到了巴黎和伦敦；

凭谁问：鉴真大师眼中奈良和京都的樱花几谢几开；

凭谁问：乌拉尔河上何时传来了伏尔加河的纤夫号子；

凭谁问：杭州湾的帆樯何时穿越马六甲风云……

诗人说：这条路是唐诗和宋词的吟唱，是太阳和月亮的战争；

军人说：这条路是旌旗卷翻的沙漠，是铁骑踏破的血原；

商人说：这条路是关涉洞开的集市，是金盏银樽的盛宴；

僧侣说：这条路是信仰鲜花盛开的祭坛，是生命涅槃的乡路……

一个个城市的前世今生，一个个城市的天际线风景，一个个城市的盛衰之变，一个个城市的躁动与激情，一个个城市的风物淳美与人文精彩，一个个城市的悲欢离合，一个个城市的内动力发掘与外开拓展望，一个个城市的往事与沉思，一个个城市的魅惑和绝世风华……

从长安到罗马和从杭州湾到地中海是卷帙浩繁的"丝路百城传"丛书的框架结构。也是所有参与写作的中外作家和编辑们共同绘制的新丝路蓝图。《尚书·舜典》有"浚咨文明"之句，孔疏曰："经纬天地曰文，照临四方曰明。"《论语·雍也》曰："质胜文则野，文胜质则史，文质彬彬，然后君子。"又《易经·贲卦·象辞》曰："刚柔交错，天文也；文明以止，人文也。观乎天文，以察时变；观乎人文，以化成天下。"故文化乃"人文化成"而以文教化"圣人之教也"。"周虽旧邦，其命维新"，丛书编纂与出版岂非正当其事，正当其时也！

读者朋友们，没有踏上丝路，你的家就是世界；踏上丝路，世界才是你的世界、你的家园……唯祈丛书阅读能助君踏上这样一个个奇妙无比的旅程。

丝绸之路从远古走向未来，我们的努力也将永无休止。

戊戌谷雨前五日于松江放思楼

致中国读者

　　阿根廷的首都坐落在美洲大陆大西洋沿岸。几个世纪以来，这一得天独厚的地理位置让布宜诺斯艾利斯一直是一处重要的门户，内陆地区丰富的农产品和矿产资源从这里出口，而欧洲的商品和人口也经这里流入。

　　十六世纪中叶，第一批欧洲人乘船来到拉普拉塔河上，他们是来自西班牙的探险家，布宜诺斯艾利斯就在这条宽阔大河的南岸。这些西班牙人在这里修建了堡垒，建立了一个小型定居点。这个小定居点在之后的200年里缓慢地发展。西班牙帝国对贸易实行全面控制，布宜诺斯艾利斯和阿根廷其他地区生产的商品必须经陆路运往位于秘鲁和中美洲的帝国主要中心，因此，这处定居点的扩张一直受到限制。

　　这些限制在一定程度上造成了人们对于西班牙统治的不满，这种情绪最终在十九世纪初演变成了公开的反抗，一个独立的共和国随后成立。布宜诺斯艾利斯最终成为联邦首都。到十九世纪中期，与欧洲的贸易与投资活动已蓬勃发展，城市人口也在迅速增长。二十世纪初，布宜诺斯艾利斯的人口已从约50万人猛增至200万人以上。与其他拉丁美洲国家不同，阿根廷的新移民不仅来自西班牙，数百万意大利人也来这里寻找工作，寻求发展机会。另外，还有数十万东欧人，尤其是东欧犹太人。随着这个城市的不断发展，人们逐渐积累起财富，富裕的家族建起豪宅，政府也建设了许多华美的公共建筑。布宜诺斯艾利斯骄傲地自诩为"拉丁美洲的巴黎"。

背景各异的新移民不断涌入，很快引发了社会与政治变革。布宜诺斯艾利斯成为一座工业城市，工人阶级开始崭露头角，有了自己的政治组织。到二十世纪二十年代，依靠富庶的潘帕斯草原的牲畜、小麦及其他农产品发家致富的阿根廷社会保守派与城市居民之间的紧张关系已然无处遁形。1930年，第一次军事政变爆发，民主政权分崩离析。在这之后，军事政变又多次上演。直到二十世纪四十年代末，陆军上校胡安·多明戈·庇隆终于改变了布宜诺斯艾利斯和整个阿根廷的政治生活。他的民粹主义主张倡导工人权利，振兴民族工业，赢得了社会贫穷阶层的广泛支持。他与魅力四射的妻子艾娃·庇隆联手发起的政治运动催生了阿根廷至今势力最大的政治派别。

然而，庇隆主义所追求的目标也导致庇隆政府与右翼势力及军队之间的冲突不断激化。右翼军队于1955年夺取政权，之后又在1966年和1976年两度上台执政。在最后一次执政期间，武装部队对革命团体和忠实的庇隆主义拥护者实施了暴力镇压，导致数千人被杀或失踪，而当局对此始终拒不承认。

直到1984年，军政府被迫下台，民主政权重新确立。此后，尽管经历了数次经济危机，但布宜诺斯艾利斯终于重焕生机。市中心再次华厦林立，高速公路等基础设施不断兴建。阿根廷首都又成为一个生机勃勃的地方。这里有足球，有探戈，咖啡馆和餐厅门庭若市（阿根廷本土的牛肉与葡萄酒是最大卖点），书店、剧院和音乐演出场所比比皆是。无论是白天还是夜晚，布宜诺斯艾利斯始终活力四射，热情地迎接游客们前来一睹它的种种美好。

尼克·凯斯托

2019 年 1 月

引　言 / 1

第一章　地形
　　河流与平原 / 3
　　最早的定居点 / 4
　　白银流淌之河 / 9
　　广阔无垠的潘帕斯草原 / 13

第二章　城市地图
　　增长与发展 / 21
　　独立 / 26
　　首都地位 / 31
　　大都市 / 33
　　现代都市 / 39

第三章　地标
　　建筑与风格 / 43
　　十九世纪的遗迹 / 47
　　文化的殿堂 / 53
　　不断变化的城市风貌 / 57

布宜诺斯艾利斯传　*Buenos Aires*

尼克·凯斯托

第四章　统治与被统治

社会与政治简史 / 63

走向独立 / 66

独裁者与内战 / 69

利益冲突 / 72

庇隆及以后 / 75

军事统治 / 80

不堪一击的民主 / 83

第五章　写下的话语

文学作品中的城市 / 89

城市图景 / 93

文学与政治 / 97

第六章　视觉影像

艺术、摄影与电影 / 107

画笔下的布宜诺斯艾利斯 / 109

摄影 / 115

平民的宫殿：电影院 / 120

第七章　探戈

　　城市之音 / 129

　　卡洛斯·加德尔 / 132

　　不断变化的体裁 / 136

第八章　休闲娱乐

　　休闲活动与流行文化 / 145

　　竞技之美 / 150

　　精神食粮 / 155

第九章　多变的面孔

　　移民与社会变迁 / 163

　　意大利人与西班牙人 / 167

　　德语人口 / 169

　　犹太之城 / 171

　　盎格鲁阿根廷人 / 174

　　近期移民 / 178

第十章　消费热潮

金钱与购物 / 185

出口经济 / 187

市场与商店 / 189

末日狂欢 / 191

第十一章　阴暗面

犯罪，恶行与恐怖 / 197

"白奴交易" / 200

道德的十字军 / 204

军事恐怖 / 208

第十二章　周边地区

城市外围的内陆腹地 / 215

岛屿与三角洲 / 217

穿越河口 / 219

走向潘帕斯草原 / 221

引　言

人们在布宜诺斯艾利斯定居的初次尝试以失败告终。1580年第二次在此定居的努力才取得了成功。在那之前，除了定居点附近的拉普拉塔河有"白银"之意，这片土地看起来并没有蕴藏任何贵金属。而且，这里尽管地处河口，却并未如预期的那样，带来一条通往太平洋的捷径，从而为利润丰厚的亚洲贸易提供便利。不过，尽管期待落空，西班牙帝国还是坚持在世界上最泥泞的河流近旁的崖壁上建立了定居点，在美洲大陆的一侧占据了一席之地。跟随第一代定居者来到这片土地的，是奶牛和马匹，而非金银。正是它们奠定了这座城市的未来前景，为它带来了财富。

这座新港口的街道按照西班牙王室的命令，建设成了棋盘状，但对于它与其他欧洲国家如火如荼的走私贸易，西班牙王室却鞭长莫及。直到十九世纪初，西班牙殖民地爆发独立战争时，布宜诺斯艾利斯仍是一个封闭的大村庄，在其范围以外的内陆腹地，到处都是敌对势力。之后的100年里，这座城市发展迅猛，成千上万来自欧洲各地的移民使这里的文化、语言和习俗产生了独特的交融。到1910年，这个城市已是阿根廷的首都，自认为可与巴黎、伦敦和柏林相提并论。新建成的宽阔街道上，精致的高楼鳞次栉比，新歌剧院富丽堂皇，港口繁忙兴旺——这个城市信心满满，向着美好的未来昂首阔步。

然而，这个梦想在接下来的几十年里渐渐被阴云笼罩。大量贫民窟在象征着"美好年代"的宫殿近旁迅速涌现。城市的街道和广场上争斗不断，初来乍到的新势力企图在这个国家的政治生活中争取更多的话语权，而旧秩序则在武装力量的支持下奋力抵抗。不断爆发的争斗使布宜诺斯艾利斯满目疮痍，作家、音乐家和画家们试图在其他领域寻求慰藉，至少是想象中的慰藉。二十世纪三十年代，豪尔赫·路易斯·博尔赫斯与他的朋友——神秘主义艺术家苏尔·索拉将阿根廷的首都塑造成了一个凡事皆有可能发生的神秘之地。从博卡区脏乱不堪的码头，到阿尔韦阿尔大街上时髦的艺术沙龙，这座城市歌舞升平，每个角落都有人伴着探戈音乐起舞，抚慰着人们对彼时、彼地的深深怀念。在作家埃塞基耶尔·马丁内斯·埃斯特拉达的眼中，布宜诺斯艾利斯发展成了一个与阿根廷其他地方极不相称的国际大都市，就像巨人的头颅架在了一个弱不禁风的瘦小身体上。

时至今日，已有400年历史的布宜诺斯艾利斯仍盘踞在南美大陆的边缘，它仍不太确定是该认同自己作为拉丁美洲城市的身份，还是向着大西洋彼岸幻想中的家园伸出双手。今天，在这个城市的郊区，我们看到的仍是宁静的街道，道旁成行的蓝花楹绚烂盛开，而市中心喧嚣依旧，探戈歌王卡洛斯·加德尔所说的城市"大肌肉"一收一放，动感十足。各色人等杂居于此，纷纷为他们"挚爱的布宜诺斯艾利斯"——歌王最著名歌曲中就是这样唱的——增添着几分别样的辛酸韵味。

一幅传统的菲勒特彩绘路牌上精心绘制了卡洛斯·加德尔的形象(贝亚特里斯·韦森特·布里托斯/维基共享资源)

The
biography
of
Buenos Aires

布宜诺斯艾利斯 传

第一章
地形

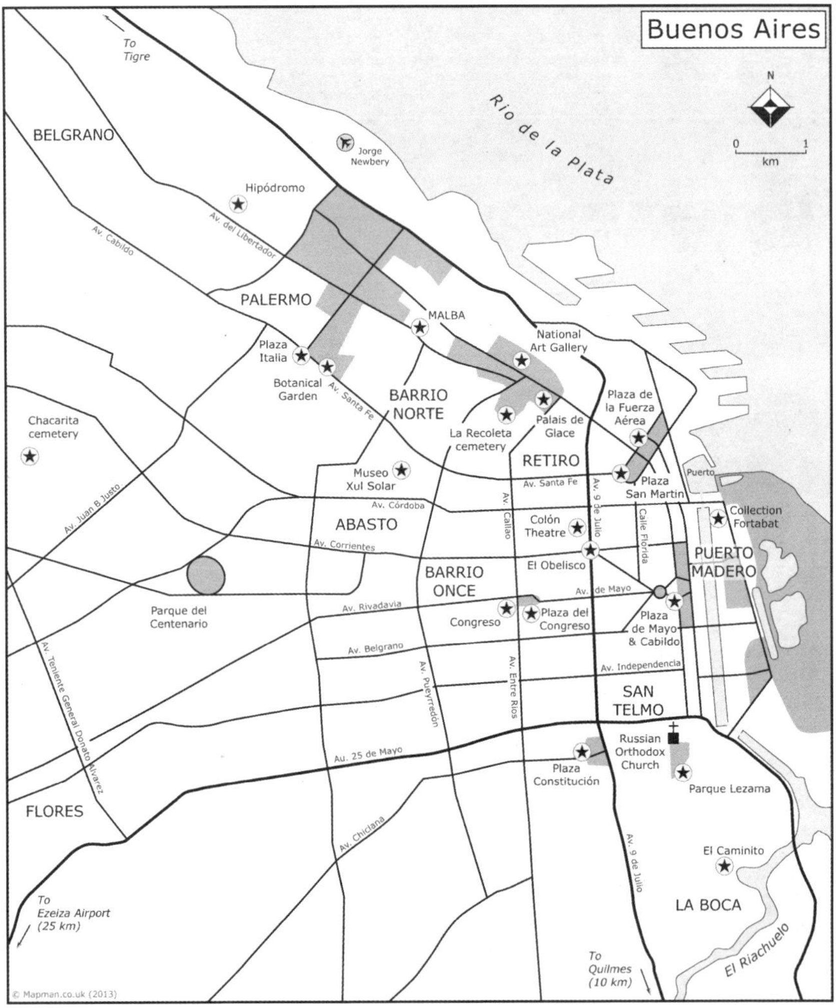

Buenos Aires
N
0
1
km
To
Tigre
Río de la Plata
BELGRANO
Jorge
Newbery
Hipódromo
Av. del Libertador
Av. Cabildo
PALERMO
MALBA
National
Art Gallery
Plaza
Italia
Botanical
Garden
Av. Santa Fe
BARRIO
NORTE
Palais de
Glace
La Recoleta
cemetery
Plaza de
la Fuerza
Aérea
Chacarita
cemetery
RETIRO
Museo
Xul Solar
Av. Santa Fe
Plaza
San Martin
Puerto
Av. Córdoba
Collection
Fortabat
Av. Juan B Justo
ABASTO
Colón
Theatre
Av. Callao
Av. 9 de Julio
Calle Florida
Av. Corrientes
PUERTO
MADERO
BARRIO
ONCE
El Obelisco
Av. de Mayo
Parque del
Centenario
Av. Rivadavia
Congreso
Plaza del
Congreso
Plaza
de Mayo
& Cabildo
Av. Belgrano
Av. Teniente General Donato Alvarez
Av. Pueyrredón
Av. Entre Ríos
Av. Independencia
SAN
TELMO
Russian
Orthodox
Church
Au. 25 de Mayo
Plaza
Constitución
Parque Lezama
FLORES
Av. Chiclana
El Caminito
Av. 9 de Julio
LA BOCA
To
Ezeiza Airport
(25 km)
To
Quilmes
(10 km)
El Riachuelo
© Mapman.co.uk (2013)

河流与平原

里亚丘埃洛河是世界上污染最严重的河流之一。数百年来,远洋轮船在这条60公里长的河流的入海口处装卸货物:皮革制造业的废料、动物的残骸和咸肉、金属矿石、来自阿根廷北方丛林的木材、农田里的麦秆、阿根廷西部门多萨省倾倒的红酒,以及河畔这个巨大城市排放的污水,使河水满是化学品和污垢,浑浊不堪。

不过,在大约500年前,里亚丘埃洛河(意为"小河")的光景与现在大相径庭。里亚丘埃洛河位于拉普拉塔河(意为"河床",暗指"白银流淌之河")开阔河口的南岸,紧邻此处仅有的几片低平海岬之一,不仅可作为避风港,还曾是第一代欧洲来客的重要淡水水源。

布宜诺斯艾利斯位于南纬34度以南,与南非的开普敦和澳大利亚的墨尔本纬度相近。夏季(1—4月)气温在35摄氏度左右,冬季(7—8月)接近零摄氏度,很少降雪(上次有记录的降雪发生在2008年冬天)。这里的地中海气候特别适合引进葡萄、无花果和蜜桃等水果,令来自南欧的定居者感到非常亲切。

最早的定居点

十六世纪早期，塞巴斯蒂安·卡伯特和麦哲伦等航海家带领船队驶入了宽达200公里的拉普拉塔河口。与此前哥伦布在加勒比海的探索相同，他们希望找到绕过美洲最南端的航路，开辟连接欧洲与远东地区的贸易新航线。不过，尽管这处河口与非洲最南端的纬度相近，但这种探索却屡屡受挫。航海家们最终不得不继续向南航行数千公里，才终于找到了绕过合恩角的航路。1516年，西班牙探险家胡安·迪亚斯·索利斯进入了这片宽阔的河口水域，并为之取名"马尔杜尔塞"，意为"蜜河"。他曾希望在这里找到一条直通太平洋的水路。然而启程后不久，他就和他的大部分船员一起，不幸被奎兰迪印第安人杀害。远征队伍中仅剩的少数幸存者听到了关于这片内陆腹地的一些传说，据说这里有一个极为富庶的国家，有无数的金银财宝等待人们发掘，这片河口（面积约36000平方公里，据说是世界上最宽的河口）也因此被命名为"拉普拉塔"。

直到1536年2月，西班牙人唐·佩德罗·德·门多萨才带领船队驶入位于这条大河南岸的里亚丘埃洛河。这次远征的目的是建立一处长期殖民地。西班牙国王查理五世派出1000多名随从和13艘船跟随门多萨远航，并许诺让门多萨出任新殖民地的总督，管辖他在南美征服的所有领地，而门多萨需要为此建造"三座石头堡垒"，并利用随行的牛马建立一个定居点，与葡萄牙在巴西大西洋沿岸的势力抗衡。佩德罗·德·门多萨和他的船队从今天的乌拉圭出发，横渡拉普拉塔河，在里亚丘埃洛河边的山顶上建造了一座小堡垒，命名为"布宜诺斯艾利斯"（好风）。

里亚丘埃洛河上的船只（维基共享资源）

按照当时的惯例，门多萨的随从都是从西班牙帝国的各个领地征召来的，其中一名来自德国境内领地的士兵——乌利齐·施米德尔，记录下了布宜诺斯艾利斯初建时的情景。施米德尔晚年追忆了他在美洲18年的所见所闻（他所写的《西班牙和印度群岛航海旅行日志》第一版于1567年在法兰克福发行），至今，在莱萨马公园内距当初的堡垒不远的地方，还矗立着施米德尔的塑像。贝尔纳尔·迪亚斯·德尔·卡斯蒂略描述墨西哥城时，重点讲述了墨西哥城的奇趣，以及20年前被荷南·科尔蒂斯征服的阿兹特克文明是如何富有，但施米德尔在描述布宜诺斯艾利斯时并没有这样做，在他的描述中，奎兰迪印第安土著过着贫困的游牧生活，没有固定的群体区分。由于不确定土著人对他们的到来会做何反应，西班牙人抵达后迅速着手建造防御堡垒。据施米德尔描述，他们在营地四周建造了"三英尺厚的砖墙，高度与一名男子举起剑来的高度相当"。在围墙之内，房屋的布局显得毫无章法，不过在施米德尔的日志第二次印刷时，书中加入了华丽的插图，其中，唐·佩德罗·德·门多萨的住所是一座坚固的三层小楼，即使放在马德里或慕尼黑也丝毫不会显得突兀。他们还用船上的木材建立起了一座简陋的教堂。

他们与奎兰迪土著的关系很快恶化。在一次战斗中，门多萨的儿子迭戈、16名骑兵和20名步兵遭到杀害，根据施米德尔的简短描述，"印第安人方面死者约有1000人"。这种公开敌对的状况意味着西班牙人一直被困在堡垒内遭受围攻，很快就陷入了食物严重短缺的窘境。施米德尔讲述了令人毛骨悚然的一幕："三个西班牙人偷了一匹马，悄悄把它分食了。"被发现后，他们受尽酷刑，很快就被处死，但这还不是最可怕的："当夜幕降临，大家返回住处后，更多西班牙人割下那几名死者大腿等部位的肉，带回家去吃掉了。"

这时，佩德罗·德·门多萨已因身患"法国病"——梅毒而生命垂危。在目睹布宜诺斯艾利斯这座小堡垒令人绝望的境况后，他派副官胡安·阿约拉斯带领大部分人马沿河向上游行进，寻找土著人相对温和，也更适宜农业发展的地方。阿约拉斯和随从沿着巴拉那河向上游走了数百公里，于1537年在巴拉圭的亚松森建起了定居点。从这里向北不远，就是秘鲁境内西班牙已经建成的殖民地。这里获取食物的机会更多，农业耕作也更容易。于是，不久之后，留守在布宜诺斯艾利斯的最后一批殖民者放弃了堡垒，迁至亚松森。然而，他们把当初门多萨船队带来的大量牛马留下了。正是这些动物，而非人们梦寐以求的金银财宝，在几百年后成了阿根廷的财富之源。

直到1580年6月11日，布宜诺斯艾利斯（正式名称为"圣迪西玛特立尼达德城布宜诺斯艾利斯港"）才得以重建。这一次，殖民者成功了。这次的西班牙远征队由巴斯克·胡安·德·加雷带领，队伍约有60人，有男有女。他们从繁荣的巴拉圭定居点出发，一路向拉普拉塔河下游挺进。

尽管新的殖民地依然是围绕着里亚丘埃洛河边一个小山头（高度不超过30米）上的堡垒而建，但胡安·德·加雷依照西班牙国王腓力二世于1573年颁布的《城镇、居民、人口条例》，采用了新世界西班牙城市布局。根据这一模板，城市以马约尔广场（后来的五月广场）为中心，逐渐向外拓展。河流是这座城市的天然边界，南部以里亚丘埃洛-马坦萨河为界，北面的界河是卢汉河和雷孔基斯塔河，它向西北蜿蜒40公里，在老虎洲汇入巴拉那河口。

由于布宜诺斯艾利斯的首要功能是港口，城市的主广场便设在河岸堡垒的后方，而未另设中心。广场南北向长度为一个街区，东西宽两个街区，这里有主要的防御要塞、总督府、大教堂和政府大楼（即市政厅）。所有建筑均以广场为中心向外延展，严格按网格状排列，每个街区（曼札纳）约100米见方。除了常规的网格状街区，德·加雷还规划了一些"查克拉"（小型农场）。由于从一开始便缺乏真正具有界定作用的地理特征，城市的界线以行政决定为准。但离河太近意味着这座城市的许多地方都极易遭受水患。紧邻里亚丘埃洛河的博卡区至今仍频繁遭遇水淹。为了应对水患威胁，人们在城市的南北两边各挖了一道深壑。除了起到排水作用，还可充当防御工事，抵御印第安人偶尔向欧洲定居者发起的进攻。这两道深壑也成为布宜诺斯艾利斯城市发展的边界，直到十九世纪才因人口迅速增长、城市扩张而填平。

整个十七八世纪，市中心的基本结构一直保持不变。主要的新建筑包括埃尔皮拉尔教堂、圣多明各教堂、拉斯卡特琳娜斯教堂、圣弗朗西斯科教堂和圣伊格纳西奥教堂，以及为西班牙王室扩建的行政办公场所。不过，在这200年里，布宜诺斯艾利斯一直属于落后地区。当时，秘鲁及其首都利马是西班牙帝国在南美的中心，而距此较近的城市，如阿根廷内陆城市图库曼和萨尔塔等，作为贸易中心享有更为重要的地位。布宜诺斯艾利斯则一直是个村庄，十七世纪初人口不足千人，到200年后的十九世纪初，也只是缓慢增至25000人左右。除了政府大楼以外，市内建筑以民宅为主：低矮的单层小屋以土砖垒成，屋顶覆盖茅草，天井中通常种无花果树或柠檬树，全然不见秘鲁或墨西哥帝国建筑的宏伟壮观。

港口的贸易全靠附近潘帕斯草原的物产。到十九世纪初，才有旅行者发现里亚丘埃洛河南岸发展起来的腌肉和皮革业，已经让当地的空气变得非常糟糕。那些腌肉工厂就像是"大屠杀现场"：高乔人将成千上万的牛羊从潘帕斯草原驱赶到这里进行屠宰，屠宰场占地好几公顷。

由于这里的地形一马平川，并无其他突出特征，这些腌肉厂显得格外醒目，有几间低矮的小屋尤其惹眼，因为小屋周围经常用被屠宰的动物头骨垒起一圈高墙。在十九世纪末制冷技术发明之前，肉类因为难以保存而无法运往欧洲，因此，屠宰后的动物尸骸只能随意丢弃，任其腐烂。人们将动物的皮和脂肪（可用于制作蜡烛）取走，血水和内脏铺满地面，留下厚厚一层臭烘烘的腐肉。这片露天屠宰场紧邻布宜诺斯艾利斯城南的主干道，因此经由这条路进出布宜诺斯艾利斯的人们每每行至此地，都不得不捂住口鼻，加快速度，尽量避开恶臭和污秽。当然，这些令人作呕的污物大部分最终都被冲进了里亚丘埃洛河。

一直到十九世纪初期独立战争爆发后，布宜诺斯艾利斯的面貌才开始发生剧变。在那之后的150年间，这里成了全世界人口最密集的城市之一，新建的居住区以老城为中心，迅速向周围扩展。无序的扩张使绿色空间锐减，市内无山无石，景观乏味，除了巴勒莫区公园内的几个人工湖外，再无其他湖泊，汇入拉普拉塔河的几条小河也已全部改道地下。事实上，由于道路过于平坦，司机停车都不用手刹。初到这里的人会看到的最新奇的现象之一就是，停在路边的汽车会被其他急躁的司机推出停车队列，直接跑到马路中央。也正因此，过马路时千万不要试图从两辆停着的车子中间穿过。整个城市的景观几乎只有一座座建筑物和笔直的街道：市中心是摩天大楼和高耸的公寓楼，而外围的47个街区则是低矮的独栋住宅。除了网格状的区划以外，这座城市不再有任何清晰的区域规划，只要相隔十米，建筑风格就可能截然不同，这种搭配有时令人称奇，有时令人困惑，有时根本就是辣眼睛。

白银流淌之河

布宜诺斯艾利斯的居民被称作porteños，即，港口人。但几乎是从建埠之初，当地居民与这条河的关系就一直一言难尽。河边没有沙滩，两岸没有美景。不停流淌的河水其实并不讨喜：甚至曾有一位作家说这条河是"静止的"。英国自然学家查尔斯·达尔文在著名的《贝格尔号航行日记》（1839年）中说，到访布宜诺斯艾利斯时，他对这座城市印象平平:"我们的航程漫长无趣。从地图上看,拉普拉塔河应当有一片开阔壮丽的入海口;但实际情况却不尽如人意。河面虽然宽阔,河水却污浊不堪,既不宏伟也不美。河岸低矮,有时从甲板上只能勉强辨认出河岸。"

实际上,从布宜诺斯艾利斯看出去,根本看不见遥远的河对岸(属于乌拉圭,后成为"东岸共和国"),因此,宽阔的河口带来的其实是一种与世隔绝之感。在两个多世纪里,尽管布宜诺斯艾利斯一直处于西班牙的控制之下,但法律规定从布宜诺斯艾利斯发出的货物——当时主要是指动物油脂和动物皮——不得直接经大西洋出口到西班牙去。所有货物必须用骡队长途驮运,沿安第斯山麓北上至秘鲁的卡亚俄,甚至更北的港口。或许正是这一禁令,导致人们普遍觉得布宜诺斯艾利斯对拉普拉塔河刻意回避,似乎不愿承认它的存在。

流至布宜诺斯艾利斯的拉普拉塔河仍是淡水,但由于河面太宽,一些地理学家仍倾向于认为它是"内海"。河水通常呈浑浊的泥褐色(尽管有位充满诗意的阿根廷作家更愿意称其为"狮黄色"),这是因为巴拉那河和巴拉圭河从南美大陆腹地裹挟着成吨的泥沙,在布宜诺斯艾利斯以北30公里处的老虎洲汇入了拉普拉塔河。老虎洲上星罗棋布的数百个小岛都是这些泥沙沉积形成的。许多小岛上现已建起了度假村,布宜诺斯艾利斯人会在周末来此休闲,有些岛上修建了运动场和烧烤设施,供工会或联谊活动使用。(从潘帕斯草原到老虎洲的亚热带植被,拉普拉塔河沿岸的风光急剧变化,而体验这一变化的最佳方式之一是搭乘著名的60路公交车,奶油色的公交车从布宜诺斯艾利斯的中心广场出发,终点为老虎酒店。)

拉普拉塔河的水流将大部分泥沙都冲向阿根廷这一侧,而蒙得维的亚和乌拉圭沿岸的河水则清澈得多。到了布宜诺斯艾利斯，河水通常不过1—2米深，因此，这里要作为港口，就必须不断清淤疏浚。持续的泥沙沉积还使河边的地貌从十九世纪至今经历了巨大的变化。十八世纪九十年代的一幅水彩画展示了堡垒的最初样貌，当时市政厅和大教堂还矗立在河岸边。生于1841年的英阿混血作家威廉·亨利·赫德逊曾在《远方与往昔》中描述他6岁第一次来到布宜诺斯艾利斯时的情景。他提到当时的市中心位于一处悬崖上，他还追忆了在崖边看到的景象："一边是无边无际的河水，远处有许多大船影影绰绰，无数驳船和登陆艇满载着货物从大船处驶向岸边，前去接货的装载车要涉水走过1/4英里才能与它们会合。"

十九世纪下半叶，阿根廷对欧洲的贸易迅速扩张，布宜诺斯艾利斯政府决定为船只开辟直接进入港口的便捷通道。人们在现在的罗查河湾挖掘出一条运河，将里亚丘埃洛河与拉普拉塔河直接连通。结果，过去的里亚丘埃洛河河口迅速淤积起泥沙。十九世纪三十年代，两座木制码头率先修建完成，而后，在十九世纪末，又建成了一座人工码头。这座港口拥有两处闭合船坞，四条伸向河中的栈桥几乎直达原来的海岬下方。悬崖下紧挨码头的区域至今依然被俗称为"埃尔巴霍"——下方。

新港口附近的土地很快被仓库、海关大楼和宏伟的移民酒店占据，成千上万的新移民初抵阿根廷时都要在此办理手续。壮观的雷蒂罗火车站也坐落在这片区域：站在火车站外的广场上，朝1982年马尔维纳斯群岛/福克兰群岛战争阵亡将士纪念碑方向望去，更远处是圣马丁广场上高大葱郁的绿树，这时，你仍可遥想河岸边的海岬曾经的样貌。埃尔巴霍是这座城市与外界的连接点，卡车川流不息，将大批农产品、矿产和牛羊运送至码头。车流和人流需要不时停下，等待仿佛永无尽头的货运列车轰鸣而过。

直至二十世纪中叶，人们仍可在市区内的拉普拉塔河河段游泳。港口以北的岸边精心修筑了带有围墙的"科斯坦尼拉"步行街，是野餐、烧烤的好地方，沿街设有被称为 chiringuito 的摊位，售卖常见的肉排，或更为平民化的美食 choripan，这是一种阿根廷式的热狗，用干面包卷夹入意式辣香肠制成。直至二十世纪五十年代，这里一直是备受欢迎的沙滩浴与游泳胜地，每年夏季，当温度高达 35 摄氏度以上时，市民们便会来此游泳纳凉。这里还建有咖啡厅和露天舞厅，其中最著名的是一家名为"慕尼黑"的德式啤酒坊兼餐厅，由匈牙利难民安德烈斯·卡莱尼于 1927 年设计，保留了已远逝的奥匈帝国的风格精髓。与布宜诺斯艾利斯的其他德式餐厅一样，"慕尼黑"也早已关闭，成为城市博物馆管理局昏暗的办公室。这座建筑的近旁有一处布宜诺斯艾利斯人非常喜爱的历史遗迹——阿根廷最早的女雕塑家之一洛拉·莫拉（多洛雷斯·莫拉·德·埃尔南德斯）设计的大理石喷泉。喷泉的外围雕刻着一群赤身裸体的男子，竭力想控制住发狂的骏马，在他们上方，水泽宁芙（或称"海仙女"，也是这处雕塑的名字）在爱神维纳斯身边嬉戏。这座喷泉本来位于市中心的总统府附近，但二十世纪早期古板的中产阶级对它表示强烈抗议，喷泉因此很快被拆除，移到了这个偏僻的地方，只有懂行的人才会来此参观。附近的一座栈桥也常令人触景生情，哀悼往日荣光，这座长长的栈桥是为渔人俱乐部而建，俱乐部曾经门庭若市，但后来河水污染过于严重，渔人们也就渐渐不再光顾此地。

在二十世纪七十年代以前，除了光顾烧烤店以外，市民们都很少关注拉普拉塔河。从市中心价格最为高昂的大楼高层可以欣赏到壮丽的拉普拉塔河景，但一条六车道的高速公路和大片未开垦的荒地将市区与这里隔离开来。后来，码头和集装箱港口也迁到了北边。在卡洛斯·梅内姆担任总统期间（1989—1999年），经济的繁荣发展让人们对昔日的马德罗港重新产生了兴趣，开始在此大兴土木：旧仓库被改造成带阁楼的高挑空间，开起餐厅和精品时装店，建筑师菲利普·斯塔克设计了一座新型的国际酒店，而西班牙著名工程师圣地亚哥·卡拉特拉瓦则重新建造了一座连通旧码头的大桥，一座巨大的艺术博物馆在此落成，一幢幢高高的公寓楼拔地而起。于是，市民们又开始涌向河边。从市中心望去，河岸一代的景观发生了天翻地覆的变化。

另外，政府还决定不再疏浚市中心区域的河道，如此一来，原本位于河中的一些土地也重新得到了开发利用。北部建起了一座高尔夫球场，而马德罗港的另一侧则成为一大片生态保护区。天然植被蓬勃生长，吸引着许多鸟类和其他野生物种来此栖居，如画的风光与一街之隔的高楼大厦形成了强烈反差。

广阔无垠的潘帕斯草原

流经布宜诺斯艾利斯后，拉普拉塔河一路向东，变得更加宽阔，最终汇入大西洋。热爱度假的阿根廷人不得不跨越数百公里的距离，到河口以南寻找可供度假的沙滩。沿途所见的河岸大部分是毫无特色的平地。河岸以南就是广阔无垠的潘帕斯草原，它是阿根廷的农业核心区。这片草原土壤极为肥沃，原因有二：一方面，数百万年来，源自遥远西部安第斯山脉的河流不断送来土壤，形成了深厚的冲积平原。另一方面，这里的年降雨量稳定在75—100厘米，为土地带来丰沛的水分滋养。这片草原也因此被称作"湿润草原",而不像更南边的巴塔哥尼亚地区是"干燥草原"。多重条件的共同作用使潘帕斯草原不仅有丰富的牧草可以饲养成群的牛羊,还非常适宜作物种植,小麦、玉米,以及近年来开始种植的大豆都长势喜人。

作家赫德逊晚年移居英国后,曾这样描述他童年记忆里的潘帕斯草原,那是它十九世纪四十年代的样子:

> 向前方和两侧极目远眺,所见全是一马平川的大草原,冬季牧草碧绿繁茂,但没有花开,整片壮阔草原闪烁着点点水光。这个季节雨水丰沛,在平坦的草原上形成一个个浅浅的水洼。目之所及全部是这番景象。除此之外,只能看到牛群和马群,和牧马人偶尔匆匆掠过的身影。在很远的地方,有一小片树林,那是庄园或饲养牛羊的牧场的标志。大平原如同一望无际的海洋,而这些小树林就像点缀其中的岛屿。

赫德逊当时的住处位于布宜诺斯艾利斯城外几公里,那里现已并入市区。然而,一个世纪后的1945年,作家弗洛伦西奥·埃斯卡多对同一区域的描述说明那时城市与乡村依然难分彼此:

> 城市与草原紧紧相连,这不仅意义重大,也颇具启示性,而且,这可能是布宜诺斯艾利斯这座平原城市最突出的特征。城市居民如果想要前往潘帕斯草原,只需沿萨恩斯大街前行,在老阿尔西纳大桥右转进入罗卡上校大街,然后再走十个街区,迎面便是一派令人惊叹的风光:邻近的新庞贝亚区简陋的房子已被甩到

身后，眼前只有一望无际的草原，如此独特，如此宽广，如此热烈。这里仍是一片处女地，既没有种植作物，也没有道路，只有沼泽、湖泊、芦苇、草丛，以及遥远的地平线。右侧是环绕弗洛雷斯公墓的树林，远处是烟雾缭绕的都市。将观者与都市隔开的是佩雷拉湿地，这里未染凡尘，只有零星的几间砖窑、土屋和民房……尽管这里并不是海边，你却会强烈感到自己仿佛置身大海之滨；风吹来草的清香，野鸭低飞，你仿佛已经远离尘嚣，很难相信这里距离五月广场仅有半小时的路程。

潘帕斯草原最显著的特点就是难以划定界线，因为这里没有明显的地理特征或边界。（法国作家皮埃尔·德里尔·拉·罗谢尔在二十世纪三十年代曾到访此地，后来他说这片草原让他感到了"水平位眩晕"）。布宜诺斯艾利斯与这片一望无际的草原融为一体。二十世纪九十年代，阿丽西娅·奥迪兹曾这样形容阿根廷首都与草原的交融：

> 你是否能够在草原上建立一个圆形的城市，一个枣核形的城市，一座像紧握的拳头一样蜷缩的城市？显然不能，因为布宜诺斯艾利斯是广阔的象征：这座城像液体一样泼洒。它没有边界……那些有明确界线、可以准确指出哪里是终点的世界名城总是令我感到震惊。布宜诺斯艾利斯没有终点。它需要用一条环城公路将自己围住（帕兹将军大街），这样你才敢伸出食指，颤抖着，犹豫着，最终说道："那里是你的终点。属于你的一切到此为止。越过这里，鬼才知道那是哪里。"

正如奥迪兹所说，通过人为地修建一条帕兹将军大街，布宜诺斯艾利斯的城区和郊区才得以区分开来（相比于联邦首都，现在更多的人居住在郊区）。而她作为结语的惊叹，以及埃斯卡多所提到的"文明"，都凸显了同一个概念：尽管布宜诺斯艾利斯城和潘帕斯草原之间或许不存在物理边界，但象征性的边界显然是存在的。

直到十九世纪七十年代，300多年以前施米德尔他们遭遇过的印第安游牧部落才在军事行动中最终被摧毁。在那之前的数百年里，"文明"的阿根廷的南部边界距布宜诺斯艾利斯市区不过100多公里。由于土著部落和同样抗拒"白人"生活方式的高乔混血人种都一直生活在草原上，潘帕斯——"潘帕斯"在盖丘亚语中正是"平原"的意思——一直是野蛮的代名词，是人们应当回避的地方。十九世纪七十年代，所谓的"沙漠之战"将阿根廷的南部国境拓展至巴塔哥尼亚地区。政府向逐渐涌入阿根廷的数万名欧洲移民承诺他们将获得自己的耕地，但同时，他们仍然将大片土地奖励给战争中取得胜利的军官们，以及已经居住在市内的富裕家庭。如此一来，贫穷的新移民只能在城市里工作谋生，放弃他们关于拥有土地和农场的梦想。这种困境再次突出了一个概念：尽管土地肥沃的大草原近在咫尺，但从某种角度来讲，它仍是一片禁地。富裕的"寡头集团"在草原上兴建大庄园——无论是法国宫廷风还是爱德华仿都铎风，这些宅邸以任何可以想象的风格出现——然后回到文明的都市，在同样奢华的房子里经营他们的事业。而对于布宜诺斯艾利斯的其他居民来讲，潘帕斯草原仍是一片封闭、敌对的区域。

矛盾的是，这个城市的一侧以河流为界，而其余部分则几乎被毫无特征的大草原环绕，这让人感到布宜诺斯艾利斯是一个被禁锢的城市，它无法向世界敞开怀抱。拉普拉塔河又凸显了一个事实：这个城市只是辽阔的南美大陆的一隅：在暴风雨来临的季节，上游几百公里处偶尔会有巨树被连根拔起，被狂风卷裹着，从市区的摩天大楼之间和那些想要捕获珍稀鱼类的垂钓者头顶掠过，树枝上甚至还有色彩斑斓的绿鹦鹉和一脸迷茫的猴子栖身。顺流而下，东面是辽阔冰冷的大西洋，它提醒着身居遥远南方的人们，在这个海港他们的故乡是多么遥不可及。这更加令人怅然若失又心生渴望。

而在朝向陆地的一侧，平坦的大草原绵延数百公里。豪尔赫·路易斯·博尔赫斯1929年的诗作《布宜诺斯艾利斯的神秘奠基》描述的一定正是这片草原，以及这条无边无际的大河：

> 烟草商令沙漠弥漫玫瑰的香气。
> 日暮黄昏隐于昨日，
> 关于过往，人们有着共同的幻想。
> 只有一物消失不见：街道的另一边。

尽管如今的潘帕斯草原已是阡陌纵横，人来人往，但放眼望去，耸立的仍然只有锈迹斑斑的风力水车，它们运转着，为散落在草原上的牲畜提供水源，偶尔能看见一片桉树或柳树林，一条小溪在无垠的草原上蜿蜒。几个世纪以来，草原上一直土壤肥沃，许多地方的土壤厚度可达好几米。因此，即使没有肥料和高效的耕作技术，这片土地也能让庄稼蓬勃生长，牲畜饲料充足。但近年来，降雨减少，干旱频发，而且越来越多的闲置的土地种上了转基因玉米和饲料用大豆等作物，如不慎重考虑生产的可持续性问题，这片天赐的沃土恐怕终将难以为继。

与此同时，对大多数市民而言，潘帕斯草原似乎仍是一片无人之境。在这里，遥远的地平线是唯一的看点，人们仍然为自己的不受欢迎而感到局促不安。他们宁愿加快速度穿过这片平坦的陆地，尽快抵达海边，或科尔多瓦丘陵，或西边更远处的安第斯山脉。又或者，他们可以回望城市，玩味首都街头巷尾的混乱无序与丰富多彩。

The
biography
of
Buenos Aires

布宜诺斯艾利斯传

城市地图

第二章

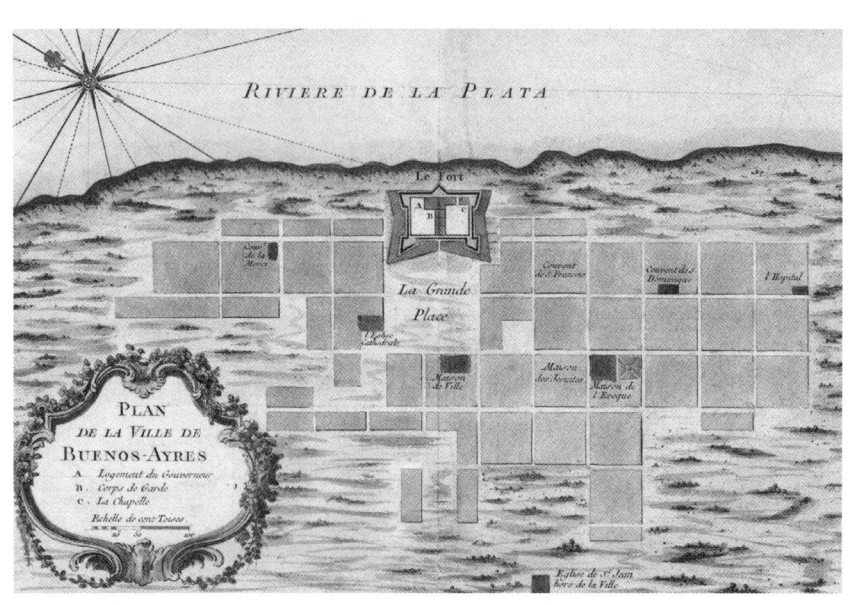

网格状城市，约 1760 年：雅克－尼古拉斯·贝林绘制的地图

增长与发展

当胡安·德·加雷怀着重建布宜诺斯艾利斯的信念，于1580年率领60名男女抵达这里，他带来了对这个城市的整体规划。1573年，西班牙国王腓力二世颁布《城镇、居民、人口条例》，希望为西班牙在美洲各处的新领地营造某种秩序。这份条例为各个新兴城镇规定了一个棋盘式的通用模板。街道呈直线分布，交叉口一律是直角。这种规划的目的是让城市能够最大限度地按照原始布局继续发展。布宜诺斯艾利斯是拉普拉塔河流域建立的最后一座新城，由于不存在地形上的限制，这里特别适合采用这种布局。

主广场，即马约尔广场（现在的"五月广场"），坐落在山顶堡垒的后方。根据条例规定，"主广场宽度不应小于28米，长度应达到84米"，四周应环绕拱廊，"为商人提供经营场所"。以广场为起点延伸出12条街道，广场四边的中点各有一条，四角各有两条。帝国法令还规定，主教堂应建在马约尔广场的东部，"主教堂之前应有几级向上的台阶，以凸显教堂的庄严"。广场上还应有政府大楼、市议会大楼、监狱和医院。

这部条例沿用了1500年前罗马帝国征服时期理想城市的古老概念，

为西班牙帝国所有的新领地规划了一种紧凑而合理的结构。这套条例被认为是史上最成功的全球性"城镇规划",而在布宜诺斯艾利斯,最初的这种设计仍然发挥着主导作用,主广场及其外围区域至今仍遵循这套规范。

从马约尔广场向外,胡安·德·加雷所规划的这个城市用11条街道分隔出44个街区。最初的定居点最北至现在的卡拉维亚蒙特,最南至伊斯塔多斯尤尼多斯,西面的边界在利伯塔德。德·加雷向232个人分封了土地,每人获得四分之一个街区。西班牙妇女安娜·迪亚兹据说是唯一通过这种方式获得土地所有权的女性。除了网格状中心街区,加雷还规划了大小不等的查克拉,向定居点供应水果、蔬菜和肉类。

尽管最初的规划非常均衡,但仅仅几年后,更富裕、地位更高的居民便几乎全部聚集到了城市的南部,这里离里亚丘埃洛河更近,也更少受到周边土著部落的威胁。默塞德大教堂(位于收复失地街)和圣多明戈修道院(留存至今)这两座主要教堂都建在这片区域。

据说在十六世纪末,即德·加雷成功建立布宜诺斯艾利斯后20年,这个城市的人口约为1100人(同期,玻利维亚"白银山"附近的波托西城人口可能已达12万)。这座南方港口城市的早期居民包括从西班牙直接来到这里的"半岛人",还包括来自阿根廷或南美其他地区的"克里奥尔人"。他们中有商人、士兵和帝国工作人员,也有农民和劳工。1617年,布宜诺斯艾利斯被指定为拉普拉塔河省的省会,变得更加繁荣兴旺。不久之后,皇室又为这里任命了一名主教和一个皇家听证会。除沿河贸易外,政府还颁发了首批牲畜所有权许可证,进一步推动了贸易的发展。

随着布宜诺斯艾利斯成为阿根廷通往大西洋和欧洲的出海口,地位变得越来越重要，图库曼、萨尔塔与科尔多瓦等内陆城市开始采取措施，试图限制其通过玻利维亚和秘鲁等更为富裕的西班牙领地开展贸易活动的能力。这场实力与地位的拉锯战成为接下来两个世纪的主旋律，并最终在阿根廷获得独立后，升级为武装冲突。

十七世纪，西班牙仍然试图强制所有对欧洲的贸易活动经由秘鲁和墨西哥的港口进行。这意味着布宜诺斯艾利斯只能缓慢发展，主要靠出口从玻利维亚走私的白银，以及来自潘帕斯草原的兽皮和动物油脂。建城100年后的1680年，这个城市的人口恐怕仍不足5000人。在当时被划分为外国人的群体中，葡萄牙人最多，而最富有的则是西班牙来的移民。

居民住宅大多是砖砌的平房，屋顶以茅草覆盖，偶尔也有红瓦屋顶。由于城中的建筑大多低矮，教堂的钟楼就格外显眼。据说，最初发现如何用当地泥土制作土砖的是耶稣会士，他们从十七世纪初开始，在阿根廷就颇具影响力。也正是耶稣会，于1713年用石头修建了巴洛克风格的圣伊格纳西奥教堂（位于玻利瓦尔大街），这座布宜诺斯艾利斯市中心现存最古老的建筑还以迷宫般的地下隧道而闻名。

从十六世纪八十年代到十七世纪末，布宜诺斯艾利斯逐渐成为欧洲进口产品的区域性集散中心，人口随之增长了50%。十七世纪七十年代初，布宜诺斯艾利斯与来自荷兰、法国及英国商船展开大量的贸易活动，西班牙国王卡洛斯二世因此致信布宜诺斯艾利斯的臣民，指出他们与其他国家的贸易削弱了西班牙的实力，并指责这里的官员靠走私发家致富。其中最不光彩的交易当数从非洲贩卖黑奴。

1494年的《托尔德西里亚斯条约》严禁西班牙与非洲开展贸易，只有葡萄牙人获准从大西洋彼岸运送奴隶。（许可证通过竞价出售给了出价最高的买主，而收入则上交西班牙皇室。）到了十八世纪，英国人开始控制与边远殖民地的贸易。1713年的《乌得勒支条约》不仅终结了西班牙王位继承权的争夺，也使英国获得了每年向西班牙的美洲殖民地供应4800名非洲奴隶的合约。这份合约交由私营的南海公司履行。该公司迅速在布宜诺斯艾利斯建起了一个仓库和几个办事处。有记录表明，到了十八世纪晚些时候，不少富裕的白人家庭已拥有多达40名黑奴，一部分承担家务，另一部分则务农。

到1750年，布宜诺斯艾利斯约有14000名居民，大多从事商业活动或参与西班牙帝国对此地的管理工作。当地的牧场主和商人逐渐积累起大量的财富，地位也日渐提升，而这个城市也不断吸收来自欧洲的时尚，从连衣裙到厨具，无一例外。这些商品大部分产自欧洲北部新兴的工业化国家，而非西班牙。富裕的权贵在尽可能靠近市中心的地方修建华丽的新住宅，地主与商人比邻而居。

十八世纪下半叶，西班牙帝国濒临崩溃，对其拉丁美洲各领地的控制也有所减弱。挣扎在崩溃边缘的帝国孤注一掷，于1776年决定承认布宜诺斯艾利斯不断提升的重要性。国王下达圣旨，将这个城市定为新成立的拉普拉塔总督辖区的首府，不再隶属于利马。随后，1778年的《自由贸易法》取消了这里仅可与西班牙开展贸易的限制，允许它与其他国家开展进出口贸易。此后，拉普拉塔辖区的首任总督胡安·萨尔塞多（Don Juan José de Vértiz y Salcedo，1777—1784年），启动了一项雄心勃勃的城市改善计划。

在他富有激情的管理下，布宜诺斯艾利斯从一个坐落在小山头上的低矮村庄逐渐变成了一个大都市。新设的机构搬进了石头砌成的新古典主义建筑。一所学校承担起将启蒙运动的经验传递到这里的重任，它就是圣卡洛斯大学。首个印刷厂在城内落成，中央大道旁安装了路灯。佛罗里达大街成为马约尔广场以外首条铺设了硬化路面的街道。城内还建起一个名为"喜剧之家"的剧院，1789年，首部由阿根廷人创作的悲剧《西里波》在这里上演。

进入十九世纪，不断扩张的城市已将新开发的土地填满，北至雷蒂罗附近，南抵圣特尔莫的帕特里西奥斯大街，向西则直抵现在的卡亚俄-恩特雷里奥斯。据城市史学者D.J.基林分析，现在的布宜诺斯艾利斯可以认为是由四个截然不同的区域组成的：首先是马约尔广场周边的市中心地区。其次是广场以南一直延伸到里亚丘埃洛河的富人区。之后是围成一圈的八座教堂，每座教堂是一个教区的中心，显示出天主教对殖民地社会的重要性。最后是城市外围人口密度相对较小的区域，"这里有原始的工业设施（制砖作坊、制瓦作坊、石灰窑）与小商铺、露天仓库和小型果园及农场"。

尽管布宜诺斯艾利斯一直在发展，但直到十九世纪初独立战争开始时，这里仍是一个狭小、拥挤的地方，狭窄的街道大多集中在河边，街上的建筑大部分仍是平房。街道的狭窄程度从英国军队于1806年和1807年两次侵略这个城市的经历中可见一斑，当时市民纷纷向军队倾倒开水和粪便，令侵略者不堪忍受，只得仓皇撤退。

同样是在十九世纪初，人们对马约尔广场进行了重新设计，建起了售卖肉类、水果和其他食品的大型中央市场——雷克瓦市场。这座市场经营了近70年，尽管阿根廷医生爱德华多·怀尔德曾对这里的卫生状况表示怀疑："雷克瓦市场内的两排货摊几乎都是服装店，出售的衣服质量低劣。在这里购物的多半是海员……所有的摊主都在摊位上吃饭。食物装在马口铁罐中送过来。每天下午两三点钟的时候，市场里都弥漫着食物的味道,令人难以忍受。夏天,商铺里飘出的阵阵恶臭就像子弹一样把你击倒。所有经常在雷克瓦市场穿行的人都不可能忘掉那熏天的臭气。"

雷克瓦市场一直是市中心重要的特色建筑之一,直到十九世纪八十年代,布宜诺斯艾利斯已成为阿根廷的联邦首都,其第一位市长托尔夸托·德·阿尔维亚尔才下令将市场拆除。他制订了一个宏伟的计划,要让这个城市变得更为开阔敞亮,而拆除这个市场只是这项计划的一部分。数百名工人仅用一天就将市场夷为平地,著名的小雕塑"五月金字塔"迁移到了现在的位置,与玫瑰宫相邻,而原先臭气熏天的市场货摊已变身为整洁的花园。

独　立

在独立战争中,布宜诺斯艾利斯一直是战斗前线。1810年5月25日,大批市民和民兵聚集在政府大楼门前,巨大的压力迫使市议会的议员们首次宣布拒绝承认西班牙的统治。普通民众聚集在主广场上声援或威胁政府大楼内的政客采取行动的传统由此形成。而这一传统也使马约尔广场(后来为纪念1810年的革命宣言而改名"五月广场")在阿根廷全国都具有重要的象征意义。此后,持续数年的武装起义大部分在远离首都的地方爆发,但在1813年制宪会议宣布撤销宗教法庭后,革命领袖们在马约尔广场做出了烧毁刑具的壮举。其他革命措施还包括解放所有奴隶的孩子,废除一切贵族头衔。1816年,西班牙军队被彻底击败,一个全新的、独立的国家在阿根廷成立了。此后,布宜诺斯艾利斯作为对欧贸易出入口岸的重要地位日益凸显。但大部分的交易收入归本市所有，这意味着在这个新近独立的国家里，争夺统治地位的斗争愈演愈烈。中部和北部的旧势力中心对财富和权力都不断膨胀的布宜诺斯艾利斯发起反抗，尤其是1835—1852年胡安·曼努埃尔·德·罗萨斯专政期间，争斗更加激烈。查尔斯·达尔文在搭乘贝格尔号远航期间曾在阿根廷首都停留，并与这位独裁者会面，他这样形容当时的布宜诺斯艾利斯：

> 布宜诺斯艾利斯拥有约60000人口，我认为它是世界上最规整的城市之一。每个交叉路口都是直角，而每两条平行街道之间的距离都刚好相等，房屋集中在尺寸相等的方形区域内，当地人称之为"quadras"。另一方面，这些房屋本身就是一个个中空的正方体；所有房间都通往一个整洁的小庭院。这些房屋通常只有一层，房顶是平的，上面摆放着座椅，到了夏季，居民们时常来这里乘凉。城市的中心是一座广场，政府办公楼、堡垒和大教堂都坐落在这里。在革命爆发前，总督官邸也在此处。这些建筑物中任何一座都谈不上美观，但集中在一起，就具备了高度的建筑美感。

独立后的最初几年，这座城市继续稳步发展。1821年，著名的雷科莱塔公墓在市中心以北建成，这片区域之前是奥斯定会长老纪念园，毗邻皮拉尔圣母大教堂。一年后，总统贝尔纳多·德·里瓦达维亚首次提出，应修建环城大道，划定布宜诺斯艾利斯市的边界。他的规划与现在的卡亚俄大道基本吻合。尽管如此，在十九世纪上半叶，布宜诺斯艾利斯的扩张依然受到很大的限制。英国及其他工业化国家更倾向于以阿根廷作为它们的商品市场，不鼓励当地发展制造业，因此布宜诺斯艾利斯几乎没什么工业。

英国货船仍然是将制成品运到这里，然后满载阿根廷丰富的农产品返回欧洲。在英国承认阿根廷是一个新的独立国家后，英国驻布宜诺斯艾利斯的首位大使——他的名字很特别，叫伍德拜恩·帕理斯爵士——曾注意到连居住在潘帕斯草原上的高乔人都已成为全球贸易体系的一部分："拿出他所有的工具，看看他拥有的一切——除了兽皮，哪一样不是来自英国？如果他的妻子有一条礼服裙，它十有八九来自曼彻斯特。他用来烹煮食物的野营水壶、用来盛放食物的不起眼的陶器、他使用的刀和勺、他披在身上的斗篷，都是从英国进口的。"

与此同时，英国人在布宜诺斯艾利斯的服务引入和交通升级方面也发挥着主导作用。

十九世纪五十年代，第一条铁路由英国公司建成，新的车站和通勤线路带动了周边地区的发展。到六十年代，铁路已经四通八达，北至老虎洲，西至莫雷诺，东南一直通到拉普拉塔镇。七十年代，马车线路发展起来。马车和铁路的出现进一步推动了城市的扩张，使建筑和居民集中在中心广场周边的情况得到缓解，而在此之前，这种情况已经持续了近300年。

阿根廷于1869年进行了第一次全国人口普查，此时各省与首都之间针对政治支配地位的斗争已经以首都的胜出告终。人口普查显示，布宜诺斯艾利斯大区当时已有20万居民，而全国总人口还不到200万。人口普查还显示，当时布宜诺斯艾利斯仍有1300座茅草屋。到1895年第二次人口普查时，这类房屋已减至196座（在此期间拆除的地标性建筑还包括城市奠基人胡安·德·加雷位于五月广场上的居所），而在这不到30年的时间里，这个城市的人口增长率高达250%以上。

到1910年庆祝独立宣言一百周年之际，布宜诺斯艾利斯的人口已接近100万，而阿根廷全国的总人口约为400万。凭借肉类、谷物和羊毛的出口，阿根廷已成为世界十大最富裕的经济体之一，而布宜诺斯艾利斯不仅是拉丁美洲最大的城市，而且在整个美洲大陆也只有纽约更胜一筹。

促成这一发展的主要因素是，从十九世纪下半叶开始，大批的欧洲移民纷纷涌入。这波移民潮持续了约一个世纪，直至第二次世界大战结束。"统治即移入人口"是总统胡安·巴乌蒂斯塔·阿尔伯尔迪早在十九世纪五十年代提出的口号，他的继任者们也一直忠实地恪守这一原则。尽管阿根廷承诺为新移民提供工作和耕地，但绝大部分人很快就发现，潘帕斯草原上肥沃的耕地早已名花有主，而这些地主只欢迎季节性劳工，不欢迎新移民。几乎所有移民都只能被迫返回布宜诺斯艾利斯市区，许多人随即开起了小规模的手工作坊。这些小店逐渐成为这个城的突出特色，至今仍然如此。

同之前的几百年一样，五月广场以南的区域仍是最尊贵、最繁华的街区。在巴拉卡斯区的里亚丘埃洛河周边，腌肉产业仍在不断发展，用来储存牛羊皮的仓库不断扩建。但在1870—1871年，这一区域爆发了两次黄热病大流行，导致最富裕的200个家庭集体迁往北部郊区，即贝尔格拉诺区、巴勒莫区，以及至今仍被认为是全城时尚地标的巴瑞诺特区（意为"北部街区"）。这些富裕人家似乎并不介意他们昂贵的豪宅经常被人围观，或是离雷科莱塔公墓太近。这次人口迁移还受到其他一些因素的影响：新开办的银行都位于中央广场以北，最主要的商业街佛罗里达大街也是从五月大道向北延伸，很多最富有的人家都住在这条街上。

这个城市的扩张离不开多明戈·福斯蒂诺·萨米恩托总统（1868—1874年在任）的远见和热情。萨米恩托曾长期流亡在外，到过欧洲，也在美国居住过。他下定决心要将亲眼所见的优越物质文明带回阿根廷首都。他曾亲自监督第一套下水道系统和自来水系统的工程进展，并视察位于埃尔巴霍的标志性建筑——邮电大楼的修建工作，阿根廷最早的邮政系统和电报网都是在这里设立的。萨米恩托总统任内还将布宜诺斯艾利斯北部的沼泽地改建为二月三号公园（现属巴勒莫区），这里经常被称为布宜诺斯艾利斯的"布洛涅森林"。他还从欧洲和日本引进了大量树木品种，用来装点新修建的大道。

他在这方面的创举由朱尔斯·查尔斯·泰恩斯发扬光大。这位法国人1889年来到阿根廷，在十九世纪九十年代，曾多次负责中央街道沿街树木的种植与繁育，还设计了莱萨马公园、帕得利修公园和世纪公园，以及宪法广场和国会广场等。布宜诺斯艾利斯能够获得"南美巴黎"的美誉，泰恩斯功不可没。他的最大成就当数布宜诺斯艾利斯植物园，这片位于城市北部的花园汇集了众多令人印象深刻的阿根廷本土植物，静谧葱郁的绿地更是绵延数公顷。通常，这座花园最大的噪声来自一群半野生的流浪猫，尽管政府多次呼吁市民不要给它们喂食，也不要因无法忍受而丢弃宠物，但这群猫仍旧茁壮成长、数量不断增多。

随着富人迁至环境宜人的北部郊区，南部的码头和仓库区域原属他们的房产逐渐成了欧洲移民家庭的住所，到十九世纪下半叶，每年会有数千名欧洲移民来到这片蓬勃发展的港区。如今的博卡区沿河地带已成为风景如画的观光胜地，但在十九世纪初，这里的许多街道都充斥着简陋的铁皮屋和木头棚子，卫生条件恶劣，设施极差。一些曾经的豪宅被分割成很小的单元，这种被称作 conventillo 的房子与纽约等美国大都市中的合租房类似。

首都地位

布宜诺斯艾利斯于 1880 年成为阿根廷联邦首都。市区面积约 19000 公顷，这以外的部分属于布宜诺斯艾利斯省。1887 年，贝尔格拉诺区和弗洛雷斯区并入首都，至今仍是布市的最外围。这两个区也是最早的中产阶级通勤社区，居民多为公司职员、公务人员，以及铁路和公共事业机构的英方经理及职工。时至今日，弗洛雷斯区和卡巴利托区的一些偏僻角落仍与伦敦郊区别无二致，直到 2011 年，阿根廷作家埃内斯托·斯霍还曾对卡巴利托区的某个角落做出过这样的描述：

> 如果你右转进入维德拉大街，往前走上几个街区，那么忽然之间，仿佛爱丽丝闯入仙境一般，你就步入了维多利亚时代的伦敦。无论你怎么用力揉眼睛，奇迹仍然在那儿，它是真实的，看得见摸得着。整整四个街区，全部是典型的维多利亚式两层别墅：覆瓦的屋顶、两侧有立柱的门廊、扶形的窗户，还有门前的花园。洁白无瑕，尽善尽美，全部与维多利亚时代的伦敦如出一辙。

不难想象，十九世纪八十年代的英国银行职员们是如何从这里出发，登上现代化的有轨电车，前往布宜诺斯艾利斯的金融中心，也就是位于五月广场以北三四个街区的"市中心"的，那情景一定就像《玛丽·波宾丝》中描述的那样。然而如今，这样的老式建筑越来越少了。近年来，这几个大受欢迎的街区进行了投机式的开发，低矮的历史建筑逐渐被高层居民楼取代，而这些高楼经常空置，对解决首都由来已久的住房问题毫无帮助。

托尔夸托·德·阿尔维亚尔是布宜诺斯艾利斯成为联邦首都后的第一任市长（1880—1887年在任）。与此前的萨米恩托相似，他也曾到过欧洲，奥斯曼男爵主持的巴黎现代化工程给他留下了深刻的印象，他因此下定决心，以巴黎为原型，塑造这座新的首都。盛行于十九世纪法国的宽阔大道取代了紧密、刻板的西班牙式设计。托尔夸托·德·阿尔维亚尔将五月广场延伸开去，修建了五月大道。这条大道也理所当然地成了整个城市的中轴线，将首都划分为南北两部分，后来又成为连接总统府玫瑰宫与国民议会大厦的道路。国民议会大厦非常宏伟，以美国华盛顿特区的国会大厦为原型，位于总统府西边约两公里，1906年建成。

十九世纪九十年代，布宜诺斯艾利斯的第一批汽车开始在五月大道上行驶，此外，早在1913年，英阿地铁公司便在这里修建了第一条地铁线路。该公司获得了布宜诺斯艾利斯最早的三条地铁线路长达80年的特许经营权。然而，该特权后来被认为违反了合同条款，1936年，地铁线路的运营由布宜诺斯艾利斯运输公司接管。英阿地铁公司对这项决议提出了申诉并获得支持，700万英镑的赔偿款直到1981年才还清。

紧邻新建的五月大道地铁站的维多利亚咖啡馆和托尔托尼咖啡馆早就是知名的社交地标，而五月大道和附近的几条街上还有几个大型剧院和最早的电影院。人们还拆除了一些原有建筑，将与五月大道平行的另外三条大街也拓宽了：它们是圣达菲大街、科尔多瓦大街和科连特斯大街。由这四条大道围城的矩形区域和中央区至今仍是首都的核心地带。圣达菲大街的起点连接着从圣马丁广场通往金融区的佛罗里达大街，多年来这里一直是艺术中心和奢侈品购物街。英国哈罗德百货公司、莱俪、蒂凡尼等知名品牌均在此设有门店，供居住在附近的富人选购商品，而皮草商、珠宝商、高档俱乐部、餐厅和咖啡厅也多云集于此。继续向西，是一片正在开发的娱乐区，一面是受歌剧和芭蕾舞剧爱好者追捧的新古典主义风格的科隆大剧院，另一面的科连特斯大街和拉瓦列大街上聚集着其他几个剧场和电影院。继续向西一公里，翁色广场周边是"服装业"聚集区，有许多服装批发店和廉价服装大卖场。

一些飞黄腾达的居民建起了法式豪宅，他们要么是拥有土地的老牌大户，要么是通过贸易发财致富的新贵，在阿根廷摆脱西班牙皇室控制后，成为这个国家的"寡头政治集团"。随着每年有越来越多的移民从意大利、德国、乌克兰，乃至东欧和中东的其他地区涌入布宜诺斯艾利斯，他们的风俗和建筑风格也在这里扎根，这个城市的西班牙风貌早已模糊难辨。

大都市

1880—1930年，布宜诺斯艾利斯几乎是在混乱无序地发展。内陆城市与地区几乎完全服务于首都，政治力量和财富日益向布宜诺斯艾利斯集中。外国资本和企业都被吸引到这个港口城市，这对国内其他地区造成了不利影响。正是在这一时期，布宜诺斯艾利斯成为作家笔下"架在瘦小身体上的巨人的头颅"。据统计，二十世纪初期，阿根廷25%的制造业产能集中在布市及周边地区，全国从事工业活动的人有30%居住在这里，超过一半的工业投资（当时主要来自英国）集中在这里。随着布宜诺斯艾利斯的支配地位越发明显，布宜诺斯艾利斯人与外省居民间的裂痕越来越明显，布宜诺斯艾利斯人常觉得外省人的观点落后，甚至是一种倒退，而外省人则认为首都人虚荣、世故，不是实实在在的"拉美人"。

铁路线从首都出发，呈扇形向外辐射出去。阿根廷铁路系统的这种结构彰显了布宜诺斯艾利斯在国内的支配地位。尽管二十世纪初修建的许多公共建筑仿照的都是法国或北美风格，但这一时期新建的大型火车站却仍沿用了英国式的结构。雷蒂罗火车站出自利物浦工程师之手，于1913年建成，从这里出发是沿拉普拉塔河口向北的线路。另一座位于宪法广场的主火车站是以伦敦维多利亚火车站为原型建造的。二十世纪初，阿根廷的铁路网总里程已近40000公里，布宜诺斯艾利斯是这个铁路网的中心，牛羊肉被送到这里的冷冻厂房（也归英国人所有），羊毛、矿产和粮食也汇聚于此，随后再转运至市内的各个码头。来自全国各地的旅客都乘着火车来到首都。

到1914年的第三次人口普查时，布宜诺斯艾利斯市和大布宜诺斯艾利斯地区的人口已经增长到200多万，与1869年第一次普查时相比，45年里翻了10倍。1869年时，约70%的居民是第一代移民，而到了二十世纪初，这一比例进一步加大。新移民的住房问题变得越来越严峻。1914年人口普查显示，大约80%的工薪阶层家庭是全家人挤在一个房间里住的。

二十世纪二十年代的布宜诺斯艾利斯主要由四个区域组成，被人们称作"市中心"的金融和行政区位于历史上的城市中心区及周边。巴瑞诺特、巴勒莫和更远一些的贝尔格拉诺区（许多德国移民在此居住）是富人区。再向外是植被葱翠的郊区，包括圣伊西德罗、奥利沃斯（总统官邸坐落在这里），以及拉普拉塔河沿岸的一些小镇，小别墅从这里向老虎洲方向延伸。（外国商人及家眷，还有阿根廷的富人喜欢在这里生活，这里最流行的运动是英式橄榄球、曲棍球和马球，而非足球。）一路向南，围绕在里亚丘埃洛河周边的博卡、巴拉卡斯、阿韦亚内达新庞贝亚是工薪阶层聚居的区域，居民通常是码头工人和农产品相关产业的员工，向西，是马塔德罗斯区，这里名副其实，是屠宰场（马塔德罗斯是西语"屠宰场"的意思），来自潘帕斯草原的牛羊会在这里的各大屠宰场等待宰杀，而新芝加哥区则是一片巨大的垃圾场。

尽管发展迅猛且缺乏规划，但布宜诺斯艾利斯一直乐于标榜自己"南美巴黎"的身份，认为自己的建筑水准与欧洲各国的首都不相上下。然而，当最著名的欧洲当代建筑师之一亨利·勒·柯布西耶于1929年来到这里时，眼前的景象令他十分难过："布宜诺斯艾利斯是我见过最没有人性的城市，它让人的内心备受折磨。几个星期以来，我走街串巷，像个疯子一样，无望、压抑、沮丧、狂躁、绝望。"但同时，这个城市又令他兴奋："但除了这里，又有哪里能让人感到潜藏如此巨大的活力和力量，以及命运如此强大、永无止境的压力呢？"据说勒·柯布西耶还为布宜诺斯艾利斯冠以"假想帝国的首都"称号。在关于这次旅行的手绘和反思中，他想要把这座城市黑暗、拥挤的通道变得更为开阔，与浩瀚的河流和广阔的天空重新建立联系。

勒·柯布西耶将布宜诺斯艾利斯塑造成现代主义乌托邦的计划无果而终。这个城市在二十世纪三十年代还在肆意扩张，并未进行总体规

35

划。大部分新建工程集中在公路网周边：帕兹将军大道于1941年完工，修建一条环城公路将联邦首都和布宜诺斯艾利斯省分隔开的宏伟计划终于得以实现，从南部码头区前往北部郊区的大小车辆都不再需要穿越市中心了。但和许多大型工程项目一样，这条大道的修建也引发了一些意想不到的问题。到二十世纪七十年代，这条路及其分支的车流量已经非常巨大，尤其是在周末，数万市民怀抱着"偷得浮生半日闲"的愿望驱车出城，却往往在半路遭遇长达几公里的拥堵，动弹不得。

虽然布宜诺斯艾利斯人热衷于将这个城市与欧洲城市相提并论，但与许多欧洲城市不同的是，它非常幸运地并未遭受第二次世界大战的摧残。因此，从十九世纪的宏大到现代主义，各种风格的建筑都在这里保留下来，由于规划缺失，不同风格的建筑常常错杂并立。

二十世纪三十年代，新一轮建设工程使布市的中心区发生了巨大的变化。其中最引人注目的是七月九日大道的建成。这条大道因纪念1816年7月9日阿根廷正式独立而得名。布宜诺斯艾利斯人常会骄傲地宣称，这条大道是"世界上最宽阔的街道"，它连接着位于城市西北的雷蒂罗火车站和位于东南的宪法广场。（布宜诺斯艾利斯还拥有"世界上最长的街道"里瓦达维亚大道，它是五月大道的延伸，从国会大楼向西，全长约35公里）。1935年，为了修建长2公里的七月九日大道，沿街一个街区以内的建筑全部被拆除。（只有法国大使馆不同意拆除他们优雅的建筑，因此它至今仍屹立在大道的最北端，雷蒂罗火车站的北边，在车流中显得十分突兀。）道路中间开辟了花园，每个方向至少有七条车道。大道中央矗立着布宜诺斯艾利斯最引人注目的地标：方尖碑。它建于1936年，位于七月九日大道和科连特斯大道的交叉口，是为纪念佩德罗·德·门多萨建立布宜诺斯艾利斯城400周年而建。

到了二十世纪五十年代，来自欧洲的移民潮逐渐消退，取而代之的是从阿根廷其他地方，以及玻利维亚、巴拉圭等较贫困的邻国迁入的人口，而胡安·多明戈·庇隆领导的民粹主义政府（1946—1955年执政）也鼓励这些人迁入布市，因为当时新兴的民族工业大多集中在首都及其周边地区。在庇隆和夫人艾薇塔的倡导下，首批面向工人的高层公寓楼在市郊建成。但新移民带来的压力仍然使雷蒂罗火车站和汽车站周边，以及城市边缘的帕兹将军大道外侧出现了大片的贫民窟。

"二战"之后，美国取代早先的英国成为主要投资来源国，资本的涌入使首都大区外围的一些城镇连成了新的工业带。这样一来，都会区的人口从1947年的不足500万，逐渐增长到2010年的1400万（当时全国人口仅为4000万左右），但大部分新迁入的人口集中在帕兹将军大道以外地区，联邦首都的人口反而有所减少，不到300万人。

布宜诺斯艾利斯在阿根廷一直居于主导地位，因此，一直有人呼吁加大力度将海运、工业和公共部门人员迁移到其他地区。二十世纪八十年代中期，劳尔·阿方辛总统甚至提出应将联邦首都迁至布宜诺斯艾利斯以南约1000公里、巴塔哥尼亚省的小镇别德马。尽管这一想法不无道理，但阿根廷人，尤其是布宜诺斯艾利斯人，都觉得这不可能实现。事实上，阿根廷80%的进口额和三分之一的出口额至今仍来自首都，政府部门和行政机构也几乎全部设在这里。此外，首都在整个国家的社会和文化生活中也占据着主导地位。

在城内，我们可以看到过去40年的政治经济动荡带来的影响。基础设施和社会福利方面的投资一直不足。生活在布宜诺斯艾利斯的典型中产阶级家庭已感到他们的生活方式受到了威胁，而不同社会阶级被迫比邻而居也加剧了彼此间的冲突。随着私家车逐渐取代公共交通，城市环境也不断恶化。一直以来依靠本地公共市场、街角的果蔬店、报刊亭、糖果摊、社区药店、咖啡厅和"博利赫"（一种平价饭馆，用餐的花费与在家做饭相差无几）维系的市井生活也面临着越来越大的压力。大型购物中心逐渐取代了人们熟悉的街边小店，高架公路从市中心穿过。其中有几个建设项目是在1976—1983年的军事独裁期间启动的，当时，为了给这些项目腾出空间，市中心的许多建筑都拆除了。布宜诺斯艾利斯人讥讽这些是"法老的工程"，在军政府时代终结后，工程一度烂尾，近年来又逐渐重新开工，并建成投入使用。

例如位于市中心的七月九日大道就与多条收费高架道路相连，分别通往国际机场和布宜诺斯艾利斯大区的西部，也与前往拉普拉塔和马德普拉塔等更靠南的沿海城市的道路相连通。乘飞机来到布宜诺斯艾利斯的人们经这些高速公路进入市区，途中会看到密密麻麻、令人吃惊的城市景观。国际机场位于市区以西约40公里，为纪念胡安·皮斯塔里尼部长而以他的名字命名，但它更为人熟知的名称是埃塞萨机场，这是二十世纪四十年代后期修建机场时，附近一个村庄的名字。（埃塞萨机场和乌干达的恩德培机场一样，因发生过大规模的杀人事件而广为人知。1973年，庇隆将军在流亡18年后返回阿根廷，上百万人来到机场迎接，敌对派系在此时发生了武装冲突，导致上百人死亡，刚刚回国的领袖庇隆将军的班机也被迫改在附近一处小型军事机场降落。）

埃塞萨机场主要用于起降国际航班，而与它几乎同时建成的纽贝瑞机场则主要面向国内航班和经拉普拉塔河上空飞往乌拉圭的短途航班。与埃塞萨机场不同，纽贝瑞机场几乎就在市中心，紧邻河畔的科斯塔内拉区和拉普拉塔河岸。随着这座机场变得越来越繁忙，人们多次试图把它迁往一个更安全、僻静的地方，比如河中心的人造岛上。但这些计划都未能成功实施，因此，每隔几分钟便会有飞机无比惊险地飞掠河面，也飞掠车水马龙的解放者大道和绿树成荫的巴勒莫区。

现代都市

进入二十一世纪，布宜诺斯艾利斯的发展与变革仍在继续。首先，人们开始重新向河边的马德罗港区聚拢。旧码头一带经过重新开发，迅速成为城中最受追捧的地区，一座座50层高的豪华公寓楼成为市区制高点，可同时饱览拉普拉塔河和市中心其他地区的风光。几家新的餐厅、一家新建的大型美术馆和几个国际酒店使这个城市再次面貌一新。

另一项新发展是市郊出现了封闭式的社区。这是因为从前生活在宁静郊区的居民们发现，他们已与布宜诺斯艾利斯大区最贫穷的人群成了邻居，于是有能力外迁的人陆续迁到了更远一些但更安全的新"城市中心"，通过高速公路与市中心连通（有评论说，这些新建工程与500年前佩德罗·德·门多萨修建的小型封闭式堡垒非常相似）。一条16车道的宽阔高速公路从市区一路向北，通往拉丁美洲最大的封闭式社区——诺德尔塔。按照售楼书上的说法，坐落在老虎洲畔的诺德尔塔拥有：

> 棕榈树环绕的街道。开阔的绿地和公园。欧椴树、云杉树、柳树和玉兰树；开阔而平静的湖面；以及实现美好生活所需的一切舒适设计。这样的地方确实存在。它并不在世界的尽头。它就在诺德尔塔的地理中心。它的名字叫"岛"。

这段话出自该楼盘2002年的宣传册，旨在吸引布宜诺斯艾利斯人前来购置房产。项目计划容纳约80000人居住。这里的30个街区内还将有一座巨型购物中心、一个市民中心、一所私立大学和几所私立学校。为了强调诺德尔塔的安全性，宣传册还特别提及，应急车辆可以在两分钟之内到达新社区内的任何主要地点。

但并非每一个布宜诺斯艾利斯人都乐见这样的扩张。事实上，这座城市与拉丁美洲许多其他国家的首都（利马、波哥大、墨西哥城等），或者北美的后工业城市最显著的区别在于，它的历史中心仍然有大量居民。成千上万的上班族每天都要赶往"市中心"，中产阶级家庭也选择尽可能居住在离方尖碑、五月广场或里亚丘埃洛河较近的地方。也许布宜诺斯艾利斯并不是乌托邦，但这里的街道和宏伟的建筑仍然具有无法抗拒的魅力。

The
biography
of
Buenos Aires

布宜诺斯艾利斯传

第三章
地标

建于 1927 年的本西奇大厦是一座受到法国影响的新古典主义公寓楼（埃尔萨普卡伊 / 维基共享资源）

建筑与风格

布宜诺斯艾利斯建城已有 400 余年，但能体现西班牙殖民时期遗风的建筑已所剩无几，而且目前没有发现任何西班牙时期之前的建筑遗存。位于马约尔广场（今五月广场）及其周边的老城中心在十九世纪和二十世纪几乎全部经历了拆除和重建。与在墨西哥和秘鲁的情形不同，拉普拉塔河流域并没有发达的土著文明供西班牙殖民者作为建筑风格上的借鉴（这种借鉴极为常见），而且布宜诺斯艾利斯在殖民时期并不富有，地位也不太重要，因此，这里没有宏伟的大教堂，也没有黄金装饰的巴洛克礼拜堂，连相对宏大的民用建筑都没有。

胡安·德·加雷于 1580 年修建的原始堡垒在十九世纪被认为太过狭小，与不断扩张、充满活力的城市风貌格格不入，因而遭到拆除。现在的政府大楼"玫瑰宫"（为与美国的白宫相对应，也称为"粉宫"）就建在堡垒的旧址上。它原本是一位瑞典建筑师设计的两栋相互独立的建筑，后于 1879 年连接在一起，形成了一处低层办公楼加庭院的组合。目前看来，这个并不讨喜的建筑群最重要且最具象征意义的地方是一层正对五月广场的露台。1945 年 10 月，上千名工人聚集在这里，要求释放当时遭到监禁的庇隆上校。出狱后，胡安·多明戈·庇隆在第二年当选为阿根廷总统。他和第二任夫人艾薇塔都非常了解如何操控媒体和大批的支持者。于是，在二十世纪四十年代末至五十年代初，他们经常出现在这个露台上，向广场上的大批追随者讲话。正如詹森·威尔逊所说，这个广场"是民粹主义的民族团结得以重现的地方"。以下是艾薇塔在她去世前一年，即1953年5月1日劳动节当天，在这个露台上发表的演讲片段。从中我们可以看到总统夫妇多次演讲的主旨，也能看出庇隆主义与其说是统一了国家，不如说是划定了战线：

> 朋友们：庇隆将军今早在他的胜利宣言结束时说，胜利属于祖国和人民，是属于我们的胜利，是只属于我们的胜利。你们的想法一定和我相同：如果没有庇隆，我们今天将只能以寡头政治的方式纪念五一劳动节，我们只能为逝者哭泣，而无法庆祝胜利。
>
> 我们同意你的看法，亲爱的将军，胜利属于祖国，属于人民。我们同意，作为工人，作为朴实的人民，我们一直脚踏实地，追求正义的事业——正因如此，我们才支持庇隆的事业。但如果没有庇隆，祖国和工人要何去何从？所以我们感谢上帝让我们有幸拥有庇隆，认识庇隆，了解他，爱戴他，追随他。

1955年，军事领袖们为了推翻庇隆的领导，在所谓的"解放革命"期间派出飞机向广场投下炸弹并进行扫射，导致数百人伤亡，引发了民众的恐慌和愤怒。一个非民选的政府随后上台。1976年，军政府夺取政权并发动了"肮脏战争"，导致数千阿根廷人遭受酷刑、死亡或失踪。军政府尤其了解这座广场和总统府露台的象征意义，因此，他们一直极力回避在露台上公开露面。直到1982年4月，军政府领袖列奥波尔多·福图纳托·加尔铁里将军发动侵略马尔维纳斯/福克兰群岛的"英雄壮举"后,他才出现在这个露台上。战争开始后不久的一天,他醉醺醺地出现在这里,接受簇拥在广场上的数千民众的欢呼喝彩。然而短短几个月后,这些人中的大部分再次来到广场,愤怒地要求加尔铁里和他的军事同僚们出来。

二十世纪八十年代,平民政府重新掌权之后,民众在广场大规模集会的场景又屡次发生。当人们感到民选政府可能会被军事动乱推翻时,数千布宜诺斯艾利斯人涌向广场,拥护他们选出的代表。2001年年底,人们又一次聚集在此,目的却正好相反:他们对贪污腐败和政治治理不善深感失望,要求总统和所有腐败的政客们卷铺盖滚出政府大楼。最终费尔南多·德拉鲁阿总统被迫乘直升机从总统府紧急撤离。时至今日,布宜诺斯艾利斯的民众已经很少燃起这样的政治热情,不过庇隆主义者仍然可以招来上千名忠实的追随者在广场上集会。

玫瑰宫的对面是为纪念1810年"革命"而修建的小型金字塔,但最令人心酸的景象或许是一圈带有白色头巾图案的石板。1976—1983年,国家安全机构曾令一批阿根廷人消失,白色头巾的图案代表的正是这些"被消失者"的母亲和祖母佩戴的头巾,她们不顾自己可能遭受迫害和绑架的危险,每周四都会围绕广场游行,进行无声的抗议。(布宜诺斯艾利斯有多处抗议国家暴行的纪念碑,有几个地方的人行道上嵌有铭牌,标示着受害者在那段黑暗时期遭遇安全机构绑架的具体地点。)

玫瑰宫的一侧是这个城市的主教堂,另一侧是旧市政厅,即原来的市政府所在地(布宜诺斯艾利斯的第一个监狱也设在这里)。大教堂是十九世纪早期的浮夸风格,看起来杂乱无章,令人失望。或许新近翻修过的附属小礼拜堂才是它最有趣的部分,伟大的民族英雄何塞·德·圣马丁将军的遗骸就存放在这里，因为他是共济会信徒，不能埋葬在大教堂内。市政厅的建筑风格同样乏善可陈：自十八世纪中叶初次落成以来，它已经历多次重建，粗糙的白色外墙和钟楼早已隐没在周围林立的高楼之中。

西班牙殖民时期的教堂也几乎没有存留下来。十七世纪末，耶稣会最先开始在这里制造烧结砖，不过没过多久，他们就改用更坚固的风干砖坯了。一般认为，坐落在主广场附近的圣伊格纳西奥·罗亚拉教堂（玻利瓦尔街225号）是城内现存最古老的宗教建筑，建于1712—1734年。这座教堂由巴伐利亚的耶稣会信徒胡安·克劳斯设计，拥有巴洛克式的外墙、拉丁十字架轮廓，还有精美的十七世纪木制祭坛。其实，布宜诺斯艾利斯没有任何一座现存的殖民时期教堂可与墨西哥或秘鲁的殖民时期教堂相媲美。

然而，在许多布宜诺斯艾利斯人和来自外省的国内游客看来，这个城市市中心的标志，以及最重要的象征，并不是教堂，而是另外一处建筑——七月九日大道与科连特斯大道的交叉口中央高70米的方尖碑。方尖碑是1936年为了纪念布宜诺斯艾利斯建城400周年而修建的，由一家德国公司历时两个月建成。正如布宜诺斯艾利斯大部分建设工程一样，修建方尖碑也付出了失去标志性历史与建筑遗产的代价：保存第一面国旗的老教堂被拆除。方尖碑简洁的现代主义线条和反射着微光的白色大理石表面，使它成为这个城市最具代表性的景观，民间戏称它是男性生殖器。然而，方尖碑也曾遭受过非议。1938年，方尖碑刚刚建成两年，市议会便出于公共安全和审美的考虑，要求将其拆除，但这一决议被行政部门否决，原因是方尖碑已经成为阿根廷国家遗产的一部分。到了二十世纪七十年代初，由于伊莎贝尔·马丁内斯·庇隆领导下的庇隆主义政府在方尖碑的基座上添加了巨幅的标语，它又一次被推上风口浪尖。尽管政府宣称"沉默有益健康"的标语只是劝告司机们少按喇叭，但布宜诺斯艾利斯人很快就感到，这威胁到了他们公开发表言论的权利。果然，1976年3月军政府夺取政权之后，这种担忧立刻变成了现实。

十九世纪的遗迹

布宜诺斯艾利斯的建筑史在十九世纪的那一波城市扩张时才真正开始。有几座独立时期的小型建筑一直留存至今，其中之一是布朗海军上将之家。它是一座长方形的黄色建筑。威廉，也叫吉列尔莫（1777—1857年），是一名海军，他出生于爱尔兰，后来移居阿根廷并迅速成为这个新兴国家的"首位海军上将"，参加过与巴西、西班牙乃至英国的海战。从海军退役后，他在"黄房子"居住了超过35年，但目前位于莱萨马公园附近的这所黄房子是个复制品，所在之处的土地曾归这位上将所有，距离佩德罗·德·门多萨首次登陆的地点很近。

布朗海军上将经常骑着马出门，沿里亚丘埃洛河信步走过那些皮革厂，成千上万张兽皮在这里加工储存，等待出口。这片沿河区域现在被称为"博卡区"，一间间漆成绿色或亮橙色的小木屋非常显眼，是布市主要的旅游景点之一。不过如今，这里最著名的地标是海军上将之家附近的巨大足球场，当然，它并不是十九世纪的建筑。它的官方名称为阿尔贝托·J.阿曼多体育场，不过人们更喜欢亲昵地称呼它为"糖果盒球场"。这样称呼在很大程度上是因为体育场圆溜溜的外形，其实这里迎接客队球迷的方式一点儿也不甜蜜。要知道，这里是博卡青年足球俱乐部（简称博卡队）的主场，他们拥有整个阿根廷，乃至全世界最狂热的球迷。

据说博卡队采用蓝黄两色搭配作为其标志是因为1905年的一天，来自意大利的五名俱乐部创始人之一碰巧看到一艘瑞典船只驶入附近的码头，他看到船尾悬挂的蓝黄两色瑞典国旗，觉得颜色鲜明夺目，便决定给新成立的俱乐部使用这种配色。现在的这个足球场于1940年的独立日揭幕，可容纳57000名观众。阿根廷足球的经典德比战是博卡队与河床队的较量。博卡队的球迷讥讽河床队是势利小人，因为他们的主场位于城市北部中产阶级聚居的努涅斯（贝尔格拉诺）。每当德比战上演，这个几乎完全露天的体育场就会座无虚席，球迷们群情激昂，整个体育场都随之颤抖，鞭炮、砖头等任何物品都可能成为两队球迷互相投掷的武器。多年以来，迭戈·阿曼多·马拉多纳一直都是博卡队最著名的球员（职业生涯之初，他效力的是布宜诺斯艾利斯的另一个俱乐部——阿根廷青年人队，这家俱乐部的主场现在改为以他的名字命名）。正是马拉多纳将这个球场誉为"世界足球圣殿"。在这里，甚至是在整个阿根廷，马拉多纳至今都是备受尊崇的人物。在经历过光辉岁月后，博卡队以及整个阿根廷足坛都陷入了困境。国内一大批顶尖球员（比如当时的马拉多纳和现在的里奥·梅西）都出国捞金，球场也因为布宜诺斯艾利斯以及阿根廷全国近年来的经济动荡而缺乏资金投入。但足球神话一直顽强地延续着。

布宜诺斯艾利斯港在十九世纪后半叶蓬勃发展，越来越急需交通设施，尤其是铁路的支持。雷蒂罗火车站及其周边区域或许是那一时期最具代表性的地标。十七世纪殖民时期，布市北面沿河的一片平地变成了一个公园，取马德里皇家园林的名字，命名为雷蒂罗公园。到十八世纪初，这里成为英国船只运来非洲黑奴后的主要交易市场并以此闻名。奴隶交易在1739年终结，而到1801年，雷蒂罗又成为市最大的斗牛场，可容纳12000名狂热的观众。这个场地还作过圣马丁将军部队新兵的训练场，几年之后，他带兵解放了智利。

早在1822年，刚刚独立不久、崇尚进步的阿根廷就取缔了斗牛活动。从那以后，雷蒂罗逐渐成为码头活动的枢纽，也显然非常适合作为日益繁忙的铁路运输的终点站。从这里不仅可以前往拉普拉塔河上游城市（罗萨里奥和圣达菲）、科尔多瓦和图库曼，还可以去往萨尔塔等其他北部城市，这些城市在殖民时期是途经秘鲁的贸易活动中重要的停靠点，现在则向布宜诺斯艾利斯输送糖、橙子、大米和矿物等产品。1910年前后，阿根廷政府希望新建一个火车站，体现国家经济的繁荣和在世界上的突出地位，于是建起了现在的雷蒂罗火车站。它由英国建筑师和工程师设计，被比作"现代的大教堂"。钢结构的支柱和拱梁，以及玻璃屋顶都是先在利物浦制作完成，再经海路运到布宜诺斯艾利斯重新组装的。正如英国的火车站一样，雷蒂罗火车站也同时运营长距离线路和市郊的短途列车（包括前往英阿区赫灵汉姆的车次），形成了拉丁美洲的独特的通勤客流。

二十世纪八十年代时，从雷蒂罗火车站乘火车可以前往3000多公里外的玻利维亚边境，行程为两天两夜，餐车仍然使用沉重的谢菲尔德餐具。但八十年代的经济混乱导致对铁路系统的投资严重不足，而接下来的10年里，卡洛斯·梅内姆政府虽然名义上奉行庇隆主义，实际上则大肆推行新自由主义经济政策。他们撤销了一大批铁路运营线路，同时将另外一些利润丰厚的线路私有化。至此，雷蒂罗不再是布宜诺斯艾利斯交通和生活的重要枢纽，布宜诺斯艾利斯以北那些原本因有铁路与首都连通而发展起来的社区也随之衰落。雷蒂罗火车站变得多余了，它作为铁路的终点已经没有什么价值。于是，不可避免地，在1997年，它被划定为国家级纪念性建筑。

梅内姆时期的肆意破坏造成在那以后的若干年里，雷蒂罗火车站的列车班次所剩无几，而且乘客都是拾荒者。尤其在2001年经济崩溃之后，布市周边大批贫困的外省人沦落为拾荒者，在天黑以后乘火车进入市中心，在街上捡拾纸箱或其他任何可以拿回去卖点儿小钱的杂物。不过近年来，私营铁路公司又重新开通了几条长距离线路，使雷蒂罗火车站恢复了一些活力。甚至还有传言称布宜诺斯艾利斯和科尔多瓦之间将开通日式的"高速直达列车"，但这可能和其他许多宏大的计划一样，最后会不了了之。

雷蒂罗火车站外的广场上就是布市的主长途汽车站，但和全世界大部分的长途汽车站一样，这里又脏又臭，站房建筑也没什么特色。雷蒂罗的汽车和火车线路都通往阿根廷较贫困的北部省份，以及更北边的玻利维亚和巴拉圭。因此，这里是农民工聚集的地方。自二十世纪三十年代起，车站与码头之间的区域就密密麻麻地挤满了贫民窟，连基本的服务设施都没有。每一届政府都承诺拆除这些贫民窟并对居民进行重新安置，但直到现在，Villa 31这片巨大的贫民窟区域仍然住着30000人，他们拒绝接受任何搬迁计划。距此不远的另一个地方，也特别能够彰显人口结构的变化，那就是大名鼎鼎的（或者说是臭名昭著的）移民酒店（阿根廷版的纽约埃利斯岛）。它建于二十世纪初，当时，成千上万的移民从欧洲涌向阿根廷，登陆后都必须在此停留五天，接受健康检查，寻找工作机会。酒店于1953年停业，如今已辟为国家移民博物馆。

雷蒂罗广场的中心矗立着另一座纪念性建筑，它的名字反映着阿根廷动荡的近代历史。它被称作"英国钟塔"，因为它是阿根廷的英国人社区于1910年为庆祝阿根廷独立100周年而捐建的。这座帕拉第奥风格的红砖钟塔凭借其高度和典型的英国式大钟而成为人们公认的城市地标。它所在的广场也称为"英国广场"。不过，在1982年马尔维纳斯群岛/福克兰群岛战争爆发后，这一名称就不再使用了。阿根廷战败，钟塔更名为"空军塔"（因为阿根廷空军飞行员被认为是那场战争中最英勇的战士）。随着二十世纪九十年代爱国热情的逐渐消退，这座塔又改名"纪念钟塔"。而现在，大部分布宜诺斯艾利斯人已重新使用它最初的名字来称呼它。现在，在钟塔对面的圣马丁公园脚下，又建起了另一处纪念性建筑，它是一面镶有29块黑色大理石板的纪念墙，上面刻有1982年战争期间阵亡的649个阿根廷人的名字。

从纪念墙沿坡往上，就是圣马丁公园，这里比河边峭壁原来的高度还要高出30米，清新的空气吸引了大批富人家庭从位于五月广场周边的殖民时期中心城区迁居此地。迁居的热潮出现在1871年的黄热病大流行后。那场灾难夺去了14000多人的生命，占当时总人口的近8%。这些富人家庭在此兴建大型豪宅，并称之为"宫殿"。其中最著名、最奢华的一座可能要数圣马丁公园附近阿雷纳莱斯大街上安科蕾娜家族居住过的宅邸。安科蕾娜家族于十八世纪下半叶来到拉普拉塔河地区定居。最初的几代人都是商人，但到100年之后，这个家族已成为阿根廷最大的地主。他们富甲一方，连伟大的阿根廷史诗《马丁·菲耶罗》里都提到了他们。与其他许多地主家族不同，安科蕾娜家族成功实现了财富的代际传承。或许正如社会学家胡安·何塞·塞夫雷利所言，这是因为在巨额的财富以外，他们从未谋求过政治上的权势，不过他也指出：

"他们与另外50个家族通过联姻、建立友好关系或享有共同利益相互联结，共同组成了阿根廷实际上的统治阶级，政府只不过是作为傀儡，在形式上统治着这个国家。"

正如当时的许多上流家庭一样，安科蕾娜家族也在十九世纪下半叶从靠南的五月广场附近迁居至北部地区。接下来的50年里，他们斥巨资兴建了这个城市里最大的私人宅邸。家族的一支先在圣马丁公园附近建起了奥尔蒂斯·巴苏阿尔多·安科蕾娜宫，之后，作为一家之长的梅塞德斯·卡斯特利亚诺斯·德·安科蕾娜夫人不肯服输，几乎在那座豪宅的正对面又修建了更加宏大的宅邸。这座修建于1905—1912年的宫殿具有浓郁的法国"美好年代"风格，这种风格在当时的阿根廷非常流行（不过建筑师亚历杭德罗·克里斯托弗其实是挪威人）。这座宫殿直观地展现了这个家族的财富、权势与社会地位。与阿根廷首都内许多铺张奢华的建筑一样，石料和装饰品都从欧洲进口。尽管从外观上看，这座豪宅只是一座独栋建筑，优雅的门廊向两侧延伸，连通两座具有浓郁第二帝国"卢浮宫"风格的建筑，但实际上它分为三个相互独立的区域（布局各不相同），中心的庭院是一座花园。三个区域分属安科蕾娜夫人的三个儿子及其家眷居住。复折式板瓦屋顶和圆窗让这座豪宅充满了令当时的阿根廷上流社会艳羡不已的法式风情。在它建成后的20年里，这里一直是布宜诺斯艾利斯社交生活的中心。到1928年，安科蕾娜家族仍然拥有近40万公顷土地，大部分位于布宜诺斯艾利斯省内，但他们先是经历了大萧条时期，随后家族的年青一代又分割了地产和财富，加之土地的利润微薄，安科蕾娜家族最终不得不出售或拆除他们在布宜诺斯艾利斯建起的宫殿，改建公寓楼。不过，阿根廷政府买下了位于圣马丁广场的这处宅院。自1938年起，这里改名为"圣马丁宫"，成为外交部的办公场所，其内部一些豪华的厅室用于举办国事活动，不少仍保持着当初的陈设与装饰。

随着城市在十九世纪蓬勃发展，另一种宏大的建筑应运而生。修建于1887—1894年的水务公司大楼无疑是这批代表进步与现代化的建筑中非常突出的一处。它坐落在科尔多瓦大道上的城市最高点，为公众提供清洁的饮用水。大楼占据了整整一个街区，人们通常认为它属于"折衷主义"风格，即将多种欧洲风格融为一体，其厚重与庄严令人印象深刻。与当时的大部分城市基础设施一样，供水系统也由一家英国公司经营，公司将这个建设项目交由土木工程师约翰·贝特曼负责。贝特曼请来瑞典建筑师卡洛斯·尼施通纳和丹尼·奥洛夫·博耶为这一宏大的公共工程设计一座与之相称的水务大楼。不久之后，这座大楼便成为布宜诺斯艾利斯最受欢迎的地标之一。这座建筑的宏伟感主要源于它的外墙，它用从比利时和英国进口的17万块砖装饰，其中有几千块彩绘砖是从皇家道尔顿陶器厂特别定制的。暗绿色的板瓦屋顶为法国进口。不过，大楼内部看不到任何富丽堂皇的痕迹，藏身于奢华外墙之内的，不过是四个巨大的水箱而已。

文化的殿堂

还有另外一座建筑彰显着布宜诺斯艾利斯作为全国文化生活中心的自信与野心，这就是享誉世界的歌剧院——科隆大剧院。布宜诺斯艾利斯的歌剧爱好者们（或许因为这里有大量的意大利、德国和犹太移民，歌剧爱好者人数众多）往往乐于将科隆大剧院的音响效果与米兰斯卡拉大剧院和巴黎歌剧院相提并论。科隆大剧院最初建在五月广场,但和许多其他机构一样,它在十九世纪末迁到了城北,现在,它位于宽阔的七月九日大道旁。

新歌剧院从1888年开始修建,直至1908年才完工,同年5月25日揭幕。开幕演出是精彩的威尔第歌剧《阿依达》。科隆大剧院的外观为希腊复兴式风格,其他部分则像建筑师维托里奥·米诺形容的那样,具有"意大利文艺复兴式的整体特征、德国建筑的细致布局和坚固性,以及贯穿于法式风格中的优雅、多变和新奇的装饰"。换言之,这是一座典型的对当时欧洲建筑理念兼收并蓄,多种元素相互融合(或碰撞)的建筑。科隆大剧院作为世界最大的歌剧院而闻名于世,剧院内高达七层的观众席有近2500个座位,另有一个传统的意大利式马蹄形大厅提供1500个站席。1925年,科隆大剧院首次设立了常驻交响乐团、合唱团和芭蕾舞团,一直运营至今。

科隆大剧院的命运一直与阿根廷民族的命运紧密相连。这座建筑之所以耗时20年才建成,正是由于十九世纪九十年代金融危机的爆发。而在整个二十世纪,大剧院也与这个国家经历了极为相似的坎坷历程。二十年代,阿根廷国富民强,曾邀请国际上歌剧和交响乐界最杰出的明星(从卡鲁索到理查·施特劳斯)来布宜诺斯艾利斯登台献艺。尽管当时的观众绝大部分属于阿根廷的精英阶层,但科隆大剧院崇高的声誉人尽皆知,以至于在二三十年代,连足球或拳击比赛中,都会在运动员表现特别抢眼时爆发出"科隆万岁!"的呼声。

二十年代末,经济危机爆发,歌剧院由市政府接管,既有本地艺术家在此举办演出,也有国际性的人物登台。四十年代,庇隆主义盛行,社会对科隆大剧院所倡导的精英文化极不友好,因此在庇隆当政期间,以及其前后的政治动荡中，剧院举步维艰，很难维持原有的水准。1988年，阿根廷的恶性通货膨胀导致剧院很难对未来做出计划，陷入半关闭状态。到了九十年代末，相似的状况再次发生，剧院陷入了更大的危机。2002年以后，经济形势逐渐稳定，剧院的境况也有所好转。2006年，政府决定对剧院设施进行全面的检修和翻新。翻修工程及时完工，剧院得以在2010年5月25日举办盛大的重张晚会，庆祝阿根廷独立200周年。美中不足的是，由于奉行庇隆主义的克里斯蒂娜·费尔南德斯·基什内尔总统与布宜诺斯艾利斯市长、右翼领导人毛里西奥·马克里存在政见分歧，而科隆大剧院由市政府主管，所以总统拒绝出席这次盛大的庆祝活动。

正是由于有科隆大剧院这样的建筑，布宜诺斯艾利斯才成为勒·柯布西耶眼中"假想帝国的首都"，但最能体现这个城市的梦幻特质的，却是位于五月大道中段（1370号）五月广场和令人失望的国会大厦之间的巴罗洛宫。这座二十世纪二十年代的建筑曾属于一位名叫路易斯·巴罗洛的富有的意大利移民，他靠生产羊绒衫发迹，然后聘请意大利建筑师马里奥·普兰缇为他设计一座如但丁的《神曲》一样的建筑，就是巴罗洛宫。巴罗洛宫清晰地分为三层——地狱、炼狱和天堂，顶端增建一座灯塔，象征"最高天"。建筑高100米，正如《神曲》共有100个篇章，22个楼层呼应着每个篇章的诗节数。巴罗洛甚至曾试图买下但丁位于意大利的墓地，以便将这位伟大诗人的遗骸转移至布宜诺斯艾利斯，存放在他家的地下室里。这座建筑在模仿意大利文艺复兴特征的基础上加入了哥特和伊斯兰艺术元素，全城再无第二座这样风格的建筑。屋顶的灯塔可以跨越拉普拉塔河，与对岸的萨尔沃宫互通消息。萨尔沃宫位于乌拉圭首都蒙得维的亚的中央广场上，是巴罗洛宫的翻版，二者的浮华程度如出一辙。在弃置数十年后，灯塔于近年得到修复，现在每月点亮一次。在阿根廷作家马丁·科恩2006年的小说《赛前倒数》中，"既美丽，又恐怖；既凶残，又可爱"的巴罗洛宫及其灯塔充当了关键角色。小说中，满怀期待的人群围拢在灯塔下，等待灯塔以不同颜色的灯光向他们宣告阿根廷重量级拳王——"潘帕斯野牛"路易斯·安赫尔·菲尔波是否击败了上届冠军杰克·登普西，成为新科世界冠军。至于结果，为免剧透，我们只能这样说：菲尔波在拳台上击倒登普西长达17秒（参看www.youtube.com），于是巴罗洛灯塔宣布菲尔波获胜，但裁判剥夺了他的荣誉。布宜诺斯艾利斯人一直认为全世界都与他们为敌，因为他们可以凭借蛮勇战胜一切，成为最棒的，而这次不公正的判定在初期强化了这种认识。

此后的十多年里，巴罗洛宫一直是布宜诺斯艾利斯市区最高的建筑。到二十世纪三十年代，更为理性的现代主义风格开始产生影响，1936年，紧邻圣马丁公园的卡瓦纳大厦（佛罗里达大街1065号）建成，比这座奢华的意式豪宅高出约20米。卡瓦纳大厦还是当时世界上最高的钢筋混凝土结构建筑，曾被意大利建筑师马里奥·佩里称为"布宜诺斯艾利斯唯一真正的摩天大楼"，并与纽约的克莱斯勒大厦相提并论。不过其实，它是一个著名的"复仇之作"。科瑞娜·卡瓦纳是一位爱尔兰裔女富豪，继承了家族的巨额财产，据说安科蕾娜家族（见上文）不同意他们尊贵的儿子与卡瓦纳的女儿结婚，卡瓦纳因此大为震怒，变卖了所有地产来修建一座摩天大楼，一方面让位于圣马丁公园另一侧的安科蕾娜宫显得低矮，另一方面也阻挡了建在附近的安科蕾娜家族教堂——圣体教堂的视野。这座建筑由本地建筑师设计建造，是装饰艺术风格和现代主义风格的惊艳融合，它线条优雅，没有外部装饰，与巴罗洛宫形成鲜明的对比。大厦共有105间宽敞的公寓房，顶层还有精美的屋顶花园。卡瓦纳女士在14层居住多年，只为刚好能够俯视她势利眼的邻居。

二十世纪二十年代后期到三十年代，许多享誉国际的现代主义建筑拔地而起，包括坐落在新建成的帕兹将军大道上的工厂、民用建筑和私人宅邸。其中最杰出的或许当属富有的艺术赞助人维多利亚·奥坎波1928年在位于巴勒莫北部的上流阶层住宅区巴里奥公园修建的宅邸（鲁菲诺德埃利萨尔德大街2831号）。阿根廷建筑师亚历杭德罗·布斯蒂略将它的外形设计成了一个白色的立方体，奥坎波本人则参与规划了宽敞的室内空间。勒·柯布西耶称赞它拥有"我极少见到的纯净"。奥坎波之家坐落在一个到处是法式豪宅的区域，它大胆而简洁的功能设计引起了巨大的争议，当地居民认为它破坏了这个街区的景观特色。奥坎波正是在这里创办了二十世纪三四十年代阿根廷最重要的文化杂志《南方》，萧伯纳、弗吉尼亚·伍尔芙、伊戈尔·斯特拉文斯基和莫里斯·拉威尔等国际知名作家和音乐家到访布宜诺斯艾利斯期间都曾来过这里。

不断变化的城市风貌

由于阿根廷远离二十世纪历次冲突的战场，布宜诺斯艾利斯的建筑风格展现出了完整的延续性。二十世纪四十年代早期修建的临床医院和布宜诺斯艾利斯大学医学院，以及四十年代末庇隆当政时期修建的新法西斯风格的法学院，都是当地人引以为傲的民用建筑。从那以后，布市的大部分建设项目由私营开发商展开，他们建起了越来越多的高层公寓楼，城市规划部门似乎对此完全不加管控。阿根廷小说家胡里奥·科塔萨尔讲述了这个城市从二十世纪三十年代他的童年时期起发生的种种变化：

>有很长一段时间，布宜诺斯艾利斯的景观都是低平的，住户们墙挨墙、窗挨窗，令人心安。那时的生活是信步踱到邻居家，在有轨电车的站台或房子的一楼与别人会面。而现在，到处都是高耸的摩天大楼，河流看不见了，取而代之的是轿车排起的长龙，就像无数只鞋子排列在一起。

过去60年里，政治与经济的动荡也在一定程度上造成了优秀当代建筑的缺失。多年以来，规划未来都要冒很大的风险，甚至可以说根本不可能。地产的成本和价值随着恶性通货膨胀、美元化和就业情况的起伏而剧烈波动。1947—1955年当政的庇隆政府兴建了第一批廉价的高层住宅楼，大部分位于市郊，但这些建筑都没什么特色。军事政权，尤其是1976—1983年掌权的军政府更加热衷于修建高速路和其他宏大的基础设施项目，但这些工程通常建设不力，甚至成为烂尾工程。直到1989年卡洛斯·梅内姆出任总统后，阿根廷政治与经济渐趋稳定（至少是暂时稳定了一段时间），有特色的新建项目才开始涌现，多数是大型的购物中心，与当代其他城市的同类建筑并无显著区别。还有一些则是为了实现利润最大化而在摩天大楼中修建的豪华公寓。但马德罗港的新发展将城市再一次向河边推进，不仅十九世纪的砖砌仓库等码头设施得到了重新利用，而且吸引了国际建筑师和设计师，为这里设计亮眼的新建筑。这其中包括阿根廷时尚设计师艾伦·费亚娜与法国建筑师菲利普·斯塔克合作的费亚娜环球酒店,以及展示阿根廷女首富阿玛丽娅·拉克罗斯·德·福尔塔巴特所藏艺术品的巨型博物馆。

  最具标志性的新建筑或许当属"女人桥",它横跨最古老的码头,是著名西班牙建筑师圣地亚哥·卡拉特拉瓦的作品。女人桥于2001年建成(刚好赶在新一轮经济危机之前),是一座不对称的悬臂桥,可抬起90度,方便船只通过,继续驶向新建的码头。这座行人桥长约170米,有些基调活泼的旅游指南说它的外形酷似一对情侣在跳探戈(水平的部分是女子,直立的部分是男子),不过这座桥真正的美感来自简练抽象的线条。

  和每一个伟大的城市一样,布宜诺斯艾利斯的面貌也在不断变化。建筑不仅反映出数百万居民世代延续的生活,也生动地展现了整个阿根廷难以预知的命运。

The
biography
of
Buenos Aires

布宜诺斯艾利斯传

统治与被统治

第四章

社会与政治简史

1580年,胡安·德·加雷带领船队沿拉普拉塔河向下游行进,他得到西班牙国王授权,代表西班牙建立新的定居点。尽管德·加雷是布宜诺斯艾利斯的行政统帅,但这里,以及阿根廷北部其他的城市,均受秘鲁总督管辖。秘鲁总督控制的疆域非常广阔,从现在的厄瓜多尔向南一直延伸到智利。布宜诺斯艾利斯是西班牙帝国在大西洋沿岸的主要港口,但西班牙皇室不允许它与其他欧洲国家开展自由贸易。这意味着布宜诺斯艾利斯及其周边草原出产的任何货物都必须经过几个月的长途跋涉,向北运送到秘鲁卡亚俄的总督港口。因此,对这个新定居点来说,走私具有极大的诱惑力。

此外,新定居点还很快出现了另一种冲突——在西班牙出生的人与第二代或第三代美洲人之间的权力纷争。1617年,埃尔南多·阿里亚斯·德萨维德拉成为第一位担任布宜诺斯艾利斯政府首脑的克里奥尔人。他意识到这个城市与巴拉圭的亚松森拥有完全不同的势力范围,于是请求西班牙皇室将二者拆分为不同的行政区域。1617年,一纸皇家敕令确立布宜诺斯艾利斯为拉普拉塔区首府,不再从属于亚松森。即便如此,皇室仍然明令禁止这个缓慢发展的港口独立与外界开展贸易。

1622年，北面科尔多瓦的道路上设置了一座海关检查站，以保护秘鲁的商人，让他们不必同布宜诺斯艾利斯商人竞争。尽管采取了这些措施，但走私仍然很快就成为推动这个城市发展的主要动力之一，贸易商阶层应运而生。为数不多的精英官僚也成为殖民地社会的组成部分。而在城市边界之外，第一批大地主开始在此定居，兴建庄园，饲养牛马。

几个世纪以来，布宜诺斯艾利斯一直都是安第斯山脉以东的西班牙领地的最南端。更南边的土著部落一直激烈反抗殖民扩张，不时对城市造成威胁。直至十九世纪晚期，布宜诺斯艾利斯以西和以南地区的游牧部落才被强力赶走，巴塔哥尼亚开始有欧洲人定居。

布宜诺斯艾利斯的发展还面临另外两大威胁。首要的威胁来自葡萄牙人。他们的船只会从巴西的定居点出发，对拉普拉塔河沿岸的城镇发动袭击。1726年，布宜诺斯艾利斯总督布鲁诺·德萨瓦拉在拉普拉塔河东岸建立了蒙得维的亚城，作为抵御入侵的屏障。出于西班牙领地防御方面的考虑，布宜诺斯艾利斯增加了驻军，城市居民中又形成了一个有权有势的新群体。

这座新兴殖民城市的另一大权力中心是罗马天主教会。教会与世俗权力之间的冲突一直起起落落，核心分歧在于如何对待土著居民。十七世纪下半叶，耶稣会成员被驱逐出西班牙帝国的所有领地，冲突到达顶点。这一事件发生在1766年，查理三世认为教士对皇权构成了威胁，于是下令驱逐他们。

十年后，布宜诺斯艾利斯以及整个阿根廷争取独立的努力取得了重要进展。1776年8月19日，西班牙皇室下令建立拉普拉塔总督辖区，布宜诺斯艾利斯从此不再受制于秘鲁，新总督管辖的疆域非常广阔，包括巴拉圭、极为富庶的玻利维亚城市波托西，以及阿根廷西北部的萨尔

一名士兵在庇隆的葬礼上痛哭，1974 年 7 月（费尔南多帕斯库洛 / 维基共享资源）

塔和图库曼等城市。辖区的首任总督是佩德罗·德·塞瓦略斯。他颁布法律，允许布宜诺斯艾利斯与秘鲁和智利自由地进行贸易，不久后，这里与西班牙之间的贸易也获得了法律上的认可。这些都为布宜诺斯艾利斯注入了新的活力，使它成为内陆城镇产品的集散地。与太平洋沿岸的港口相比，货物从布宜诺斯艾利斯出口要便利得多。海关检查站设立后，城市的公共财政迅速宽裕起来。1791 年，又一道敕令下达，允许国外船只向阿根廷运送奴隶和商品，并将当地产品直接运回各自国家。塞瓦略斯的继任者胡安·萨尔塞多在此继续倡导自由贸易和进步的启蒙运动价值观。

走向独立

十八世纪九十年代，西班牙已逐渐失去了对庞大的海外领地的控制。流入伊比利亚半岛的巨额财富在战争和糟糕的行政管理中消耗殆尽，西班牙宗教裁判所和教会，以及西班牙社会的其他反动势力，对思想的控制也使西班牙越来越故步自封，被英国、荷兰和法国等国家超越。在这些国家，农业和工业革命已经起步，新鲜的观念和政治意识形态也不断浮现，而西班牙仍沉溺在类似中世纪的落后状态里。1789年爆发的法国大革命使新旧世界的政治与经济冲突到达危险的边缘。就在这一时期，布宜诺斯艾利斯设立了领事馆，曼努埃尔·贝尔格拉诺出任这一颇具影响力的本地政府机构的领导者，他一直积极倡导自由贸易和自由主义理念。

不久之后，拿破仑开始企图复辟帝制，法国大革命陷入低谷。当时英国正在与法国交战，但还是察觉到这是向西班牙在南美的殖民地进军的好机会。1806年6月，一支舰队在贝雷斯福德将军的指挥下登陆布宜诺斯艾利斯。他的军队占领了市中心的堡垒。一些商人对英军入侵表示欢迎，但圣地亚哥·德·利尼埃（1753—1810）渡河前往蒙得维的亚，在那里组织起一支军队，于8月回到布宜诺斯艾利斯，对堡垒展开围攻，几天之后，贝雷斯福德投降。

这次成功御敌影响了布宜诺斯艾利斯的政局。西班牙任命的总督拉斐尔·德·索普雷蒙特在英国舰队登陆时落荒而逃，于是，1807年2月，利尼埃与公开议会共同裁决应当罢免索普雷蒙特，由皇家听证会代行他的职权。新政府很快遇到了又一次考验：同年6月，由约翰·怀特洛克率领的另一支英国军队再次企图入侵。在大批布宜诺斯艾利斯市民的协助下，利尼埃与他的军队（其中包括一直守卫着总统府的贵族军团）又一次成功击退了侵略者。尽管这两次侵略在英国并不出名，但两次成功御敌在布宜诺斯艾利斯和阿根廷的历史上却是浓墨重彩的一笔。它们一方面印证了"帝国主义"的贪婪本性；另一方面也检验了阿根廷人的战斗力、团结，以及维护正义的坚定决心。

1810年，拿破仑的军队占领西班牙。他的哥哥约瑟夫被任命为国王，延续了几个世纪的西班牙帝国濒临崩溃。消息传到布宜诺斯艾利斯，人们立即要求新任总督西斯内罗斯下台。1810年5月底，公开议会再次启动。总督及其拥护者认为一切应维持不变，但克里奥尔人强烈要求以港口居民选出的军政府取代西斯内罗斯。一开始，由西班牙方面任命的官员对此并不认同，但1810年5月25日，在大规模示威活动的压力下，一个由克里奥尔政治家和知识分子领导的"民选军政府"成立了。阿根廷将这一天定为独立日，但事实上，布宜诺斯艾利斯和全国其他地区摆脱西班牙统治的抗争这时才刚刚开始。

许多内陆城市反对彻底变革，因为剧变可能会影响它们的经济地位。新成立的军政府只好派部队出征，他们在科尔多瓦战胜了忠于西班牙的军队，但在巴拉圭吃了败仗。在布宜诺斯艾利斯，马里亚诺·莫雷诺带领着首都势力继续与外省代表展开斗争，试图在全国推行自由主义和自由贸易的理念。莫雷诺成立了三人执政团，拒绝各省首府提出的派代表参与的要求，并做好了与各省首府，以及主张继续效忠西班牙的各方势力开战的准备。

三人执政团在初期取得了一些进展，但1812年10月，他们被何塞·德·圣马丁领导的军事集团推翻。获胜的军事集团召开了制宪会议，并在1813年1月底宣布阿根廷独立，采用了新的国歌和蓝白条纹加上金色太阳图案的国旗，一直沿用至今。所有贵族头衔均被废止，奴隶所生的子女成为自由民。但分歧仍然存在。卡洛斯·马里亚·德·阿尔韦亚尔（于1815年1月当选最高执政官）等人认为布宜诺斯艾利斯实力强大，应作为统一国家的首都，但另一些人则希望采取联邦制，这种分歧削弱了新生国家的总体力量。

国会在图库曼召开了制宪大会。1816年7月9日，阿根廷再次宣布脱离西班牙独立（这就是七月九日大道的由来）。但各省与布宜诺斯艾利斯之间的争端仍在加剧，直到1820年，外省势力终于战胜了支持布宜诺斯艾利斯一家独大的势力。新宪法随后签发，采取各省独立运作的制度，布宜诺斯艾利斯是其中之一。尽管布宜诺斯艾利斯没能成为新国家的霸主，但它在1820—1824年仍然飞速发展起来，这主要归功于贝尔纳迪诺·里瓦达维亚的领导。在他的治理下，天主教会丧失了许多特权，一所所小学陆续设立起来，联盟学院开始为男孩提供开明的中等教育，布宜诺斯艾利斯大学也于1821年8月12日设立。布宜诺斯艾利斯作为连接富裕的内陆省份与外部世界的纽带，发挥着前所未有的重要作用。1824年，西班牙宣布放弃从前在南美洲的领地，包括英国、法国和美国在内的多个国家均在布宜诺斯艾利斯设立了领事馆。城内建立了证券交易所，有着数百年历史的伦敦巴林兄弟银行（二十世纪九十年代因一名流氓交易员而致破产）借给布宜诺斯艾利斯市政府100万英镑——布市举借外债的历史由此开始，而阿根廷的左翼评论家们一直对此颇有微词。爱德华多·加莱亚诺就曾在《拉丁美洲被切开的血管》中指出，这笔债务一直到二十世纪初才偿清，当时总额已飞涨至400万英镑。但是，利用这笔钱，里瓦达维亚不仅为潘帕斯草原引进了更优质的牛羊品种，还建立了科学及其他教育中心，城市的很多方面都得到了改善。

接下来的数年里阿根廷与巴西发生战争，海军上将布朗（参见第47页）多次击败巴西的大型舰队，成为民族英雄，而沿河各省、内陆地区与布宜诺斯艾利斯之间以争夺霸权为目的的内战也仍在持续。1826—1827年担任拉普拉塔联合省省长的里瓦达维亚因允许河东岸地区——当时称为"拉普拉塔河东岸区"——分裂出去建立独立国家乌拉圭而被指软弱无能。他最终被赶下台，而阿根廷在又经历了几年动荡之后，连续迎来了几位铁腕人物掌权。

独裁者与内战

第一个铁腕人物名叫胡安·曼努埃尔·德·罗萨斯。1829年，他当选为布宜诺斯艾利斯省省长，任期五年，但直到23年后的1852年，他才被迫下台。1835年，在一次由布宜诺斯艾利斯全体男性居民自由参与的投票选举中，他以压倒性优势当选为终生总统，开始统治这个名叫"各省联邦"的国家。罗萨斯被认为是"恢复法律的人"。他使布宜诺斯艾利斯和整个国家几乎回到了殖民时期的体制之下，统治权集中在布宜诺斯艾利斯，天主教会重新成为教育方面的主导力量，大地主的地位进一步巩固。他还发动了"荒漠远征"，通过军事战役迫使土著部落不断南迁，深入巴塔哥尼亚高原。被征服的土地并未分给新的农场主，而是被罗萨斯的部下和地位早已稳固的大地主们瓜分。这使得各省越发故步自封，继续依赖兽皮和腌肉的出口，依赖地方上的少数几个有权势的人物。

罗萨斯在阿根廷历史上一直是颇具争议的人物。他标榜自己是这个国家为避免分裂和无政府状态而必需的强悍领袖。查尔斯·达尔文在1833年与他见过面，他认为罗萨斯是"整个国家最有影响力的人，他似乎可以利用这种影响力来实现国家的繁荣和进步"。其他人对他的看法则要负面得多。他们认为，罗萨斯塑造了一个警察国家，他的狂热拥护者组成了一个名为"玉米棒"的准军事集团，不断镇压反对派，不容忍任何异见人士。胡安·阿尔韦迪和多明戈·福斯蒂诺·萨米恩托（他们后来都成为总统）等著名作家和知识分子是阿根廷历史上最先因持不同政见而被迫流亡的一批人（玛丽亚·路易莎·本贝格于1984年导演的电影《情海冤魂》鲜明地再现了那一时期无所不在的政治迫害）。

到十九世纪五十年代初，各省省长对罗萨斯的反对之声愈来愈大，乌拉圭的动荡局势也愈演愈烈。其中最有力的反对者是恩特雷里奥斯省省长胡斯托·何塞·德·乌尔基萨。1851年年底，乌尔基萨集结了一支庞大的军队，向布宜诺斯艾利斯挺进，在卡塞罗斯战役中击败了罗萨斯的联邦军队。这位"恢复法律的人"被迫流亡英国，在南安普敦附近度过余生，直至1877年去世。他的遗骨一直埋葬在当地墓地。后来，英国和阿根廷在1982年马尔维纳斯群岛/福克兰群岛战争后于1989年恢复邦交，双方为表示友好，才将罗萨斯的遗骸送回阿根廷。他的墓地现在位于布宜诺斯艾利斯市中心的雷科莱塔国家公墓内。

乌尔基萨试图颁布新的宪法，以统一全国。参照美国宪法，阿根廷的新宪法主张采用行政部门强大的代议共和制民主。宪法保护个人的权利，也保护共和国的联邦性质。1853年宪法还包含有关财富分配的条款，将主要集中在布宜诺斯艾利斯省的财富分散到全国其他地区。布宜诺斯艾利斯政府拒绝接受这些措施，但1853年7月9日，其他各省一致通过了新的宪法。最后，在1854年4月，布宜诺斯艾利斯省通过了自己的基本宪章，双方彻底决裂。乌尔基萨当选内陆省总统，在巴拉那执政，之后不久，瓦伦汀·阿尔西纳成为布宜诺斯艾利斯省的省长。一场经济战很快爆发，双方开始分别向对方的货物征税。冲突最终升级为公开战争。乌尔基萨再次率军抗击由巴托洛梅·米特雷将军指挥的布宜诺斯艾利斯军队。1859年10月23日，乌尔基萨将军的联邦军在塞佩达战役中获胜，乌尔基萨在邻近布宜诺斯艾利斯的圣胡安·德·弗洛雷斯设立了司令部。

但双方似乎都愿意妥协。1859年11月，布宜诺斯艾利斯和联邦签署了联盟条约。布宜诺斯艾利斯接受1853年宪法，同意成为统一国家的一部分，布宜诺斯艾利斯的关税收入分给全国各地。但这份条约并未维持太久。1861年，双方再次开战。这一次，乌尔基萨在帕翁战役中被米特雷击败。米特雷成为总统，随后推翻了1853年宪法，将布宜诺斯艾利斯定为首都，同时解散了联邦。从许多方面来说，1862年都可算作当代阿根廷的开端之年，而布宜诺斯艾利斯是它无所不能的首都。

米特雷总统和他的两个继任者（1868—1874年在任的多明戈·福斯蒂诺·萨米恩托和1874—1880年在任的尼古拉斯·阿韦利亚内达）开始为阿根廷这个现代国家奠定基础。布宜诺斯艾利斯与国家政府之间的关系，以及中央对各省的控制问题均得到有力的解决。各省军队合并为一支国家军队。联邦司法系统和税收系统也得以建立。然而，布宜诺斯艾利斯市在国内的确切地位问题仍然不断引发争端。直到1880年，国会通过法律确立布宜诺斯艾利斯为共和国联邦首都的地位，并将其从布宜诺斯艾利斯省分离出来，这一问题才最终得到解决。这一时期，大规模的移民和经济增长已开始永久改变布宜诺斯艾利斯的面貌。

利益冲突

1880—1916年被称为阿根廷的自由主义共和时期。农产品对欧出口使阿根廷成为世界上最富裕的国家之一。先冷冻再冷藏的技术使阿根廷得以把牛羊肉出口到欧洲，这也进一步推动了以出口为主导的经济模式。布宜诺斯艾利斯港到处都是冷藏箱，里面存放着已经完成屠宰的牛，准备运往国外。与出口经济中的许多领域相同，这些冷藏设施都归英国人所有。建城三个世纪后，布宜诺斯艾利斯变得日益强大，这里出口少数大地主提供的农产品，进口面向中产阶级的消费品。这是阿根廷经济结构的核心。此外，越来越多的有偿劳动力开始从欧洲较贫困的地方涌向阿根廷。这种经济体制看起来十分成功，但它的成功阻碍了阿根廷寻求本地经济多元化和发展本国制造业的尝试。到1886年，连英国《金融时报》都开始针对其中隐含的危险提出警告："除了政客腐败，阿根廷货币稳健面临的最大敌人是大庄园主。作为这个国家的大地主和生产者，他们实现利益的方式是使用纸币支付成本，然后高价出售他们的产品，赚取黄金。他们有好日子过是因为欧洲市场繁荣而本国货币疲软。在这种情况下，他们用黄金就可以买到土地和廉价劳动力。"

就在这一年，大地主、守旧的民族主义党领袖米格尔·华雷斯·塞尔曼靠着舞弊在大选中胜出，成为新一任阿根廷总统。在任期间，他不断出售公有资产，中饱私囊。这使得布宜诺斯艾利斯新生的证券市场一派繁荣景象，总统鼓励发展的私人银行业也十分兴旺。但这一切在1889年年底戛然而止。阿根廷出口货物的价格在国际市场上忽然急剧下跌。接下来的一年里，阿根廷股市经历了第一次崩盘。随后的100年，类似的金融危机又数次来袭。阿根廷早期文学作品，1891年出版的朱利安·马特尔的《证券交易所》形象地描述了这轮股市大跌的情景。在第 10 章中，一位主要人物的妻子玛格丽塔清楚地意识到一些事情正在发生："她在报纸上看到了证券交易所里局势的变化。一些奇怪的、难以言表的事情正在那里发生。银行已暂停一切信贷，没有任何人能从银行借出哪怕一个比索，任何人都不行。而黄金仍然坚挺，月底的报表很可能将是一场灾难。人们窃窃私语，讨论着那些深陷危机的重要企业的名字。至于个人，据说已经有几十人倾家荡产，股票经纪人的损失尤其惨重。地价突然下跌，恐惧弥漫在每一个角落。"

1890 年 6 月，塞尔曼政府被迫拖欠外债。私人银行遭遇储户挤兑，纷纷宣告破产。证券交易所里，股票价格急剧下跌，大批企业迅速倒闭，失业率飙升。在欧洲，凡在阿根廷有投资的人都遭受了灾难性的损失：总部位于伦敦的巴林兄弟银行在十九世纪二十年代阿根廷刚刚独立时，便率先向布宜诺斯艾利斯政府放出大额贷款。危机袭来，该银行也威胁称，如果阿根廷不偿清债务，它将宣告破产。甚至有传言说德国可能会为了追偿贷款而发兵入侵阿根廷。1890 年 7 月，布宜诺斯艾利斯街头发生军事动乱，而在接下来的数十年中，人们将会对这种情形习以为常。坎波斯将军率领的叛军在市中心拉瓦列广场的位置与效忠塞尔曼政府的军队展开了为期三天的对峙。最终，塞尔曼总统辞职，一场流血事件才得以避免。副总统卡洛斯·佩列格里尼接替了他的职位，立即着手稳定局势。他采取的措施包括利用爱国基金弥补外债缺口，关闭大部分剩余的私人银行，成立国家银行，作为唯一有货币发行权的机构。这些措施帮助阿根廷恢复了元气，布宜诺斯艾利斯也重拾商业与政治中心的地位。

1890 年危机的一个积极结果是削弱了自治党。一个即将对阿根廷政治生活产生重大影响的新政治团体诞生了。这就是公民联盟(后来演变为激进党)。1895年,胡安·B.胡斯托领导的社会党成立。传统的权力精英开始面临越来越多的挑战。1902年爆发的大罢工使布宜诺斯艾利斯陷入瘫痪,也使扩大政治代表权的必要性再一次凸显。面对这种局势,罗卡总统推出了《居住法》,授权当局驱逐任何涉嫌"扰乱公共秩序"的、在外国出生的公民。这一举措引发了更多示威活动,政府又出动警察和军队强行驱散示威人群。尽管障碍重重,但工人运动仍然蓬勃发展。1904年,阿尔弗雷多·帕拉西奥斯成为第一个进入国会的社会党代表。1909—1910年,不断加剧的政治动荡引发了选举改革,改为秘密强制投票(仍然仅限男性)。大规模移民和阿根廷社会结构的变化意味着,民主主义党中的保守派再也无法轻而易举地控制权力。

许多新移民,以及不断壮大的由专业人士和公务员组成的中产阶级,都被新成立的激进党及其极富领导魅力的领袖伊波利托·伊里戈延深深吸引。1916年,激进党有史以来第一次在大选中胜出,伊里戈延当选总统。激进党随后连续当政14年。一开始,第一次世界大战使阿根廷的食品出口日益繁荣,激进党因此受益,但人口的飞速增长——大部分涌入布宜诺斯艾利斯——使国内不同势力间的分歧加剧,激进党越来越难以应付局面。1919年,金属工人联盟开展示威活动,要求减少工作时间、周日休息并上调工资,遭到政府的严酷镇压,这一事件后来被称为"悲惨周"。据估计,那一周的死亡人数在100—400人;约50000人被逮捕。为了证明镇压的合法性,激进党政府声称这次骚乱是"无政府主义者""破坏分子"和"外国闹事者"挑起的,这种说法在之后数十年间不断重复。抗议者的主张一如既往被全盘拒绝。

与此同时,激进党推行的改革太过温和也遭到了传统右翼地主,以及他们的商界盟友和军方越来越激烈的反对。"一战"后的最初几年，由于阿根廷经济蓬勃发展，人们并未表露出敌对情绪，但到二十世纪二十年代后期，在意大利崛起的法西斯主义引起了这些群体的共鸣。1929年全球经济崩溃波及阿根廷后，何塞·F.乌里武鲁将军的部队终于行动起来。当时已是风烛残年、不问世事的伊波利托·伊里戈延就此下台。

随之而来的是所谓的"臭名昭著的十年"。阿根廷军队开始长期公然干政。整个三十年代，每一次选举都会出现大规模的舞弊，以确保右翼势力继续掌权，政治和贸易联盟的反对声浪不断遭到镇压，在首都尤甚。尽管如此，工人运动仍然蓬勃发展，影响力不断扩大，特别是在新兴产业不断涌现的大布宜诺斯艾利斯地区。到三十年代末，阿根廷已有超过100万人从事工业生产。代表他们的主要工会组织是工人联合会。该组织于1937年成立，很快成为最强大的工会组织。整个三十年代，布宜诺斯艾利斯以及其他几个工业中心都一直处于动荡中。右翼政客和军队对一切要求社会和政治改革的呼声一律实行恐怖镇压，但飞速扩大的工人群体与激进的下中产阶级仍然持续不断地向僵化的政治体制施压。

庇隆及以后

第二次世界大战爆发时，阿根廷政府和军队分道扬镳了。尽管阿根廷官方宣称保持中立，但拉蒙·卡斯蒂略政府中有一部分人支持美国，其他人，特别是军队，则更认同轴心国一方。1943年6月4日，分歧引发了一场不流血的政变，统一军官团中支持轴心国的一派把卡斯蒂略总统赶下了台。尽管名为"统一"，但统一似乎是这些掌权军官最不希望看到的。这给了年轻的陆军上校胡安·多明戈·庇隆宣扬自己主张的机会。他曾于 1938 在意大利服役一年，其间，墨索里尼领导的法西斯政府控制群众联盟运动的方式给他留下了深刻印象。回到阿根廷后，他作为劳工部长与工人联合会及其他工人组织建立了良好的关系，在工人群体中确立了坚实的权力基础。庇隆的迅速崛起很快令许多政府官员感受到了威胁，1945 年 10 月，他们要求庇隆辞职，并威胁称将对他进行审判。

民众对这一举动的反应成为"庇隆主义"和布宜诺斯艾利斯神话的核心。1945 年 10 月 17 日，上千名庇隆的拥护者走上布宜诺斯艾利斯街头，大部分来自郊区的新兴工业区，他们一路向五月广场挺进，要求释放庇隆。政府迫于压力，最终妥协，庇隆首次在玫瑰宫的露台现身，向拥护他的人潮慷慨陈词，后来，他又曾多次出现在这里。

军政府同意在 1946 年年初举行大选，并允许庇隆参选。对于他直接向工人阶级（这些人很快便被称为"赤膊汉"，即脱掉上衣干苦力的人）传达的新信息，传统政党没有做什么回应。庇隆在 1946 年 2 月 24 日的选举中获得了压倒性的胜利，庇隆主义就此诞生。尽管支持这位新总统赢得选举的是军队中的一部分人、天主教会、有组织的工人团体，以及大批来自内陆省份农村的人，但从一开始，他推行的就是独裁统治。从最高法院法官到大学教授，公共行政部门内各行各业的岗位都由庇隆的拥护者担任。之前，在罗萨斯当政期间，包括作家胡里奥·科塔萨尔在内的许多知识分子流落他乡，但庇隆和他的第二任夫人艾娃对民众有着决定性的控制力。夫妇二人都非常善于利用广播及其他媒体，借此与那些自认为被阿根廷传统政党边缘化的民众建立了情感上的联结。人们亲切地称呼艾娃为艾薇塔。在她的倡导下，妇女于1947年获得了选举权，此外，还有一些措施让更多的工人享有带薪休假和社会保障等福利。"二战"结束后，欧洲对阿根廷农产品的需求飙升，阿根廷再次获得了发展优势。庇隆利用出口获得的收入积极发展民族工业，改善基础设施。他最大手笔的行动是在1947年开出当时阿根廷历史上最大额的支票，从英国公司手中买下了阿根廷全国的铁路网。

庇隆于1951年获得连任。但此时的形势已经对他不利。通货膨胀蚕食了工人的劳动所得，传统右翼势力与武装部队中支持他的人也开始减少。艾薇塔于1952年去世，民众走上布宜诺斯艾利斯街头举行大规模的哀悼活动，但这也表明庇隆的实力进一步下降，已无法同时满足军队、保守派，以及组织越来越完善的工人群体的利益诉求。当他试图颁布新法允许离婚和堕胎，政治右翼和天主教会开始公开反对他。1955年6月，庇隆被逐出教会，26日，他正在发表讲话，希望通过民众集会来获得支持的时候，阿根廷海军的飞机向聚集在五月广场上的人群投下炸弹。尽管他们炸死庇隆的企图没有成功，但却导致364名平民丧生。作为回击，庇隆主义者洗劫了多个教堂。但局势已经明朗。同年9月，武装部队发动叛乱，一场政变推翻了庇隆政权，所谓的"解放革命"由此开始。

在随后近20年的时间里，军方一直试图直接或通过没有庇隆主义党人参与的选举来统治阿根廷。庇隆主义党人团体遭禁，庇隆时期出台的许多措施也被逆转。尽管布宜诺斯艾利斯的地主和中产阶级仍可享受他们新近获得的自由，但将大部分人排除在外的统治方式注定会失败。1958年，激进党候选人阿图罗·弗朗迪西当选总统，因为他与流亡马德里的前总统庇隆达成协议，庇隆出面号召拥护者支持了他。弗朗迪西开创了阿根廷的石油产业，同时引进外资，使新兴产业在布宜诺斯艾利斯郊区和全国各地蓬勃发展。但他和他的两位平民继任者都一直在权力的博弈中如履薄冰。一面是对流亡马德里的"老头子"忠心耿耿且实力强大的工人组织，另一面是军队里复杂的派系，他们夹在中间，左右为难。从二十世纪六十年代起，布宜诺斯艾利斯的街头就不时出现庇隆主义者与敌对派系的暴力争斗，有时坦克会开进市区，与其他军事集团开战。倒霉的平民政权根本无力控制这些实力强大的势力。1966年6月28日阿图罗·伊利亚总统的政权无疾而终，对此，历史学家爱德华多·克劳利这样描述：

> 玫瑰宫被军队占领，但伊利亚仍然不肯离开他的办公室。最后，联邦警察防暴队接到命令，要在不伤害他的前提下将这位总统请出去。于是，他们缓缓将年轻激进党人为保护伊利亚围起的圆圈整个推出了办公室，推到了大街上。伊利亚骄傲地拒绝了派总统专车送他回家的提议，招手叫了一辆出租车，消失在夜色中。

从这一晚开始，黑夜持续了许多年。1966年政变被冠冕堂皇地称作"阿根廷革命"。新的军人总统胡安·卡洛斯·翁加尼亚解散了国会、地方立法机关和所有政治团体，也没有做出任何关于恢复选举的承诺。布宜诺斯艾利斯政府取缔了"科斯坦尼拉"河岸步行街上所有受欢迎的美食摊位——理由是为了健康和安全。大学里开始出现镇压行动，大批警察突然进入布宜诺斯艾利斯大学，逮捕了数百人。这场"长警棍之夜"引发了学者和知识分子的新一轮集体出逃，大潮持续了20年。但就像此前的其他的军事政权一样,除了镇压,翁加尼亚将军的政府并没有给这个国家带来什么。对于他的统治,民众的反对声浪越来越大,庇隆主义联盟的威胁也如影随形。遍地开花的小型游击队也构成了新的威胁,他们以在阿根廷掀起革命为目标,开始抢银行,绑架人质,制造爆炸案,布宜诺斯艾利斯街头越来越不安全。二十世纪七十年代初,由亚历杭德罗·拉努塞领导的军政府宣布将举行大选,18年来首次允许庇隆主义党人参选。

大选于1973年3月举行,庇隆主义党人获准参选,其候选人埃克托尔·坎波拉顺利当选为总统。这加快了庇隆本人回归的进程。6月20日,近200万人从布宜诺斯艾利斯和阿根廷的各个角落前往埃塞萨机场,欢迎胡安·多明戈·庇隆在被迫流亡17年后荣归祖国。这本该是一个欢庆凯旋的时刻,但却变成了一场屠杀,预示着暴力时代即将来临。以秘密组织"蒙特内罗"成员为主的庇隆的左翼拥护者和庇隆右翼联盟的安全警卫之间发生了交火。当晚,许多前来迎接英雄凯旋的人在冲突中死伤。庇隆乘坐的飞机被迫改在位于莫隆的一座小型军事机场降落。

在接下来的几个月里,坎波拉辞职,庇隆则以78岁高龄第三次当选总统。人们期望庇隆的回归能够奇迹般地治愈这个国家多年来积累的种种顽疾,但不久之后,1974年7月,庇隆去世,这种愿望也随之破灭。与当年艾薇塔去世时一样,数十万人涌上布宜诺斯艾利斯街头为他送葬。他的第三任妻子玛丽亚·埃斯特拉(庇隆主义者称她为"伊莎贝丽塔")无力将运动中的各个派系团结在一起,这带来了灾难性的后果。受阿根廷革命家切·格瓦拉和古巴革命获得成功的影响,布宜诺斯艾利斯和全国各地的年轻人开始相信他们可以通过暴力手段推翻政权,建立左翼革命政府。这类团体经常通过绑架和爆炸等方式破坏首都的安全环境：到1975年，每隔几分钟便会发生一次爆炸。一开始，他们遭到了警察和预备役部队的反击，如阿根廷反共联盟便使用非法武力对抗蒙特内罗、人民革命陆军及其他小型革命团体。

庇隆主义党政府派军队前往阿根廷北部镇压游击队运动，而布宜诺斯艾利斯和其他大城市则因伊莎贝丽塔政府的倒台而被暴力笼罩。1976年3月，流传了几个月的传言成真，军方的三派势力联合组成军事执政团，推翻伊莎贝尔·庇隆，掌握了政权。这次政变最初受到了阿根廷社会各界的欢迎，人们认为军队能够促成秩序的恢复。在布宜诺斯艾利斯，国会关闭，工会会员和庇隆主义活动家被逮捕，一切政治活动都被禁止。与此同时，军队发起了一次运动，企图彻底消灭一切他们所谓的"颠覆活动"。

军事统治

这段时期对首都生活产生了极为重大影响，后来被称作"肮脏战争"时期。这个词最初是由军政府提出的，意图证明他们使用非法手段对抗左翼游击队威胁的做法是合理的。1976年军事政变后，恐怖气氛达到了前所未有的程度。安全部队把他们认为可能参与革命或仅仅是反对活动的人统统逮捕，使他们"消失"。在此期间失踪的人数达到9000—30000人。当局声称不知道他们的下落，也未颁发任何人身保护令，没有人知道当时发生了什么。在1976年南半球的冬季和整个1977年，数千阿根廷人和许多外国人被国家安全机构逮捕，惨遭酷刑和残杀。不过现在人们一般认为，有可能发动革命的团体早已被彻底击败。可笑的是，这次运动的目的之一是在1978年6月举办世界杯足球赛前使首都和其他城市恢复平静，而阿根廷获得了这届世界杯的冠军。布宜诺斯艾利斯各政府大楼都成为秘密刑讯的场所，其中最著名的是海军机械学院，有多达5000名囚犯在此受刑并被杀害，他们的尸体也被秘密处置（一些仍然活着的囚犯被塞上飞机，在拉普拉塔河上空推下去落入河中）。郊外的秘密军事中心艾尔维苏威等其他行刑地点则成为首都恐怖年代的无声见证。海军机械学院后来被辟为纪念馆，参观者可以在此回顾国家机关在1976—1983年间的恐怖行径。另有数千阿根廷人被迫流亡，其中大部分是与"被消失"的人们相熟的人及其家眷，但几乎没人敢谈及当时的局势。

军政府还实施开放政策，经济上欢迎国外投资和私人投资，取代庇隆式的保护主义和国营企业。庇隆主义党人试图利用电视和广播来宣传民族文化，但军政府从国外引进了大批的音乐和电影，布宜诺斯艾利斯以及阿根廷全国都开始向世界开放。大部分大企业、大学，甚至中小学校都安插了军方人员，密切监视这些地方的动向。军政府还举借大量外债，兴建大型基础设施项目，七月九日大道延长线上的高架桥就是其中之一，许多工程后来都因资金跟不上而烂尾。军政府企图继续执政，但从二十世纪八十年代初开始遇到阻力。其经济政策引发了通货膨胀，并使许多人失业，阿根廷中产阶级逐渐不再支持他们。鉴于此，1982年4月，最后一位军政府领导人莱奥波尔多·福尔图纳托·加尔铁里决定孤注一掷，出兵收复福克兰群岛。这里原本称为马尔维纳斯群岛，多年来一直是阿根廷领土的一部分，但十九世纪三十年代起被英国定居者占领。岛上的英国守军不多，由于被打了个措手不及，被迫投降，群岛被阿根廷军队控制。自1976年军政府执政以来,五月广场上第一次挤满了人,他们为阿根廷军队和军政领袖的胜利而欢呼。

但仅仅两个多月后,人们眼中英勇的胜利就遭到逆转,变成了一场屈辱的失败。阿根廷军队大部分是缺乏训练且装备不足的雇佣军,当志在必得的英国军队远航8000英里来到马岛,这些雇佣兵根本不是对手。1982年6月14日,阿根廷投降,布宜诺斯艾利斯人再次涌上街头,要求军政府领导人下台。在短暂的过渡期后,大选于1983年年底举行。许多选民仍然将史无前例的暴力和镇压活动归咎于庇隆主义党人,因此激进党时隔多年再次上台,劳尔·阿方辛当选总统。新总统不遗余力地对军政府统治期间发生的一切展开调查,成立委员会调查失踪人口的下落。由于对政客和其他公众人物极不信任,总统任命小说家埃内斯托·萨瓦托为"人员失踪国家委员会"的主席。调查报告《永不重来》于1985年发布,详尽披露了国家安全机构制造的约9000起失踪事件,其中超过一半发生在布宜诺斯艾利斯市或大布宜诺斯艾利斯地区。1985年4月,阿方辛政府还在布宜诺斯艾利斯审讯了军队各派系人员,他们随后被判处从终身监禁到七年军事监禁不同的刑罚。《永不重来》的问世和审判的展开让许多惊人的故事浮出水面。阿根廷人不得不对安全机构以他们的名义制造的恐怖事件做出妥协,更重要的是,许多行刑者和协助行刑者(从罗马天主教会的权威人物到医生、律师)仍然在位。军队内部一些人认为,平民政府的这些行为是一种背叛,为此,阿方辛总统在位期间遭遇了三次叛变。最严重的一次发生在1987年的复活节,而当时大批民众再次将五月广场挤得水泄不通,誓死捍卫通过民主选举产生的政府。

不堪一击的民主

尽管成功抵制了来自军方的压力，但阿方辛总统在经济上并不成功。到二十世纪八十年代末，恶性通货膨胀（某些月份的通胀率超过2000%）导致布宜诺斯艾利斯人的日常生活一片混乱。结果激进党不仅在1989年大选中落败，阿方辛也在经济动荡的局面下被迫提前几个月辞职，将政权移交给了庇隆主义党人卡洛斯·萨乌尔·梅内姆。尽管梅内姆总统一直被认为是庇隆主义党中的传统派，但他上任后立即开始推行与前庇隆主义政府支持的政策大相径庭的新自由主义政策。他不仅打开国门，欢迎外国投资，还卖掉了许多国营企业。但他的经济计划中最主要的举措是将阿根廷比索的汇率和美元1:1挂钩，布宜诺斯艾利斯迎来了久违的稳定，很快开始大兴土木。一些搁置多年的工程重新启动，新建筑如雨后春笋般拔地而起。马德罗港等大型工程与购物中心等普通项目同时推进，私有化成为普遍趋势。多年没有投资的铁路停止运营，首都街道上的私家车数量飞速增长，布宜诺斯艾利斯人重新开始出国旅行。

1994年，梅内姆总统修改了宪法，主要目的是寻求连任。但更重要的变化是让布宜诺斯艾利斯市举行市长选举，由民选的市长来管理这个"自治市"的预算。与哥伦比亚和智利等其他拉丁美洲国家一样，民选的市长所推行的政策通常与全国性政策有所不同。1996年，激进党人费尔南多·德拉鲁阿成为布宜诺斯艾利斯的第一位民选市长。以此为跳板，他在1999年的大选中获胜成为阿根廷总统。布市的下一任市长是社会学家阿尼巴尔·伊瓦拉。他也一直被认为是未来的总统候选人。但是2004年年底，一家名为"科罗曼侬共和国"的夜总会发生重大火灾，约200人丧生。市议会投票弹劾伊瓦拉市长，导致他于2006年年初被迫下台。自2007年起，担任市长的是毛里西奥·马克里，他目前已进入第二个任期。作为一位杰出的商人，他还是博卡足球俱乐部的主席。他已成为阿根廷最优秀的右翼领袖，经常反对先后由内斯托尔·基什内尔和他的妻子克里斯蒂娜·费尔南德斯·基什内尔领导的庇隆主义党政府推行的政策。

从军政府下台至今，阿根廷仅有五年时间不是由庇隆主义党人执政。卡洛斯·梅内姆曾在1989—1999年连任两届总统，后被费尔南多·德拉鲁阿取代。尽管很多人认为这是阿根廷选民成熟的标志，他们以负责任的态度投票支持了政权的更迭，但激进党政府却再次使国家陷入混乱。2000年年底，恶性通货膨胀卷土重来。总统及其政党的支持率直线下降。2001年12月，数千名示威者涌上布宜诺斯艾利斯街头，呼喊着"把他们全部赶走，一个也不留！"抗议活动遭到警察镇压，导致20多人丧生。2001年圣诞节前几天，德拉鲁阿乘坐直升机，以不光彩的方式离开了玫瑰宫。之后的两个星期内，阿根廷连续更换了三位总统，每一位都试图控制住社会和经济的混乱局面，但他们的努力都无果而终。阿根廷比索连续几个月不断贬值。政府拒绝偿还外债，并借用了银行个人账户中的存款。公司和工厂纷纷遭遇破产或资金链断裂，首都数千人失业。民众通过各种方式反击。工人们占领了工厂，以合作社的形式经营；街上集会不断，试图以更民主的方式解决本地问题；以物易物的集市越来越普遍，街上搭起了免费发放食物的粥棚；小额货币开始出现并很快被店铺广泛接受。

于是，阿根廷选民再次把目光投向庇隆主义，希望它能带来出路。从2004年起，先是内斯托尔·基什内尔，后是他的遗孀克里斯蒂娜·费尔南德斯·基什内尔,他们重新推行更为传统的庇隆主义经济政策,试图稳定局势。多个在梅内姆当政时期被私有化的大公司又重新收归国有,包括国家航空公司阿根廷航空、雷普索尔石油公司和邮政公司。由于拖欠外债,阿根廷政府与国际货币基金组织等跨国信贷机构交恶,克里斯蒂娜·费尔南德斯·基什内尔称,这表明了她坚决捍卫国家利益的信念。但矛盾的是,政府的大部分收入都来自农产品出口和从前的西班牙定居者未发掘的矿产资源,这与之前的几个世纪并没有什么不同。大豆确实在一定程度上取代了小麦,中国也取代英国成为最主要的出口市场,但旧有模式似乎并未改变。布宜诺斯艾利斯和阿根廷政府的财富多寡仍然取决于这一变化无常的体制。这个国家的财富仍然高度集中在首都,冲突呼之欲出。

有些时候,这种冲突的发生极具戏剧性:2008年4月,我去了布宜诺斯艾利斯,当时市中心笼罩着浓重的烟雾,气味刺鼻。许多人闭门不出,不得不出门的人也都戴着口罩。机场航班全部取消,长途大巴停运。但这并不是自然现象,而是人为的。布宜诺斯艾利斯周边的农户故意在农田里点起大火,抗议克里斯蒂娜·基什内尔通过提高农产品出口税来增加政府收入。这场危机仅仅持续了几周,到2010年阿根廷庆祝独立200周年时,布宜诺斯艾利斯和全国其他地区似乎都都已恢复了稳定和民主,无须担心有朝一日重回军政府统治的黑暗岁月。但过往惨痛的经历早已让市民们懂得,下一场风暴一定不会远。

The
biography
of
Buenos Aires

布宜诺斯艾利斯传

写下的话语

第五章

1923年出版的豪尔赫·路易斯·博尔赫斯的第一部诗集

文学作品中的城市

布宜诺斯艾利斯是一座具有丰富文学传统的城市。自建城以来,它一直是作家们描绘的对象。这里的街道与建筑让一代又一代的作家浮想联翩。伟大的二十世纪阿根廷作家豪尔赫·路易斯·博尔赫斯(1899—1986)是这个城市最忠实的记录者,在《圣马丁札记》(1929年)中他甚至说:

很难相信布宜诺斯艾利斯曾有起点。
我觉得它像空气和水一样永恒。

正因为如此被神化,布宜诺斯艾利斯让来自历史更悠久、文化传统更丰富的其他拉美国家的人对它颇有微词。墨西哥小说家卡洛斯·富恩特斯在布宜诺斯艾利斯度过了童年的大部分时光,他写道:"布宜诺斯艾利斯应当为自己正名,知晓自己的存在,为自己虚构一个过去,并想象自己的未来。与墨西哥城或利马不同,仅凭借简单的视觉参照来体现历史荣光,对布宜诺斯艾利斯来说是远远不够的……有许多空白需要用语言来填补,空白的阿根廷国书需要求助全世界所有的图书馆来填满,多么独一无二的阿根廷特色啊！"

但这本空白的书其实一直有人在撰写。早在1569年，路易斯·德米兰达便为最早的布宜诺斯艾利斯写下了诗篇。这首诗只有135行传世，直到1878年才被发现并出版。反思佩德罗·德·门多萨建立殖民地行动的失败，德米兰达提出了一个在之后的几个世纪一直不断被重复的观点：他将拉普拉塔河描绘成一个没良心的寡妇，她背信弃义，毫无忠诚可言，毁掉一切试图追求她、占有她的人或物。

十六世纪另一部关于这个城市的作品是弗雷·雷吉纳尔多·德利萨拉加的《印第安人口描述》。尽管这并非一本小说："但却提供了极富感染力的描述。在介绍布宜诺斯艾利斯港时，作者写道，1536年佩德罗·德·门多萨带来的72匹种马和母马繁殖迅速，远远看去，马群已经像矗立在平坦草原上的一座座小山。"早在布宜诺斯艾利斯建城之初，这个港口和阿根廷内陆地区之间的差异就成了作家们最乐于书写的主题。城市不断扩张，地位逐步提升，对这种差异的探索也成为阿根廷文学的核心内容。阿根廷第一部非宗教戏剧《西里波》（曼努埃尔·何塞·德·拉瓦登于1764年创作的诗剧）讲述了城内一名白人女性被"当地人"掳至茫茫草原的故事。尽管已是十八世纪，但"欧洲"城市与"美洲"原野之间跨越地区边界的敌对状态仍然十分显著。被掳走的白人女性成为布宜诺斯艾利斯文学作品中不断出现的形象，从十九世纪的埃斯特班·埃切瓦里亚，到豪尔赫·路易斯·博尔赫斯，再到当代小说家塞萨尔·艾拉1981年的作品《女俘爱玛》，无一例外。城内的兰切里亚剧院在上演《西里波》后没几年就被大火烧毁，科莱索剧院取而代之。新剧院曾上演众多佳作，包括《迈普战役》和《图帕克·阿马鲁》等。《图帕克·阿马鲁》讲述的是十八世纪图帕克·阿马鲁领导秘鲁最后一次原住民起义的故事。

随着十九世纪早期布宜诺斯艾利斯以及阿根廷全国向世界敞开大门，外国游客的描述开始成为这个城市的新定义。与许多其他的旅行者一样，查尔斯·达尔文在1833年抵达这里时，也被港口以南的种种景象深深震撼，牲畜从郊区运来，在这里屠宰：

> 等待屠宰的动物都关在巨大的围栏内，那是值得一看的奇观。在这个牛肉食用大国，这些动物即将成为人们的盘中餐……当阉牛被拖拽到屠宰点，斗牛士会小心翼翼地挑断牛膝盖处的韧带。之后牛会发出死亡的咆哮。那是我听到过的最痛苦的叫声，我总是能从很远的地方就听到这种吼声，于是我知道，挣扎已近尾声。整个情景既可怕又令人作呕：满地都是骨头，人和马全都满身是血。

这鲜血淋漓的丑陋场面数百年来一直是这个城市的财富之源。在埃斯特班·埃切瓦里亚1840年的作品《屠宰场》中，这种场面成了政治暴力的一种隐喻。据说，那是最早的描写布宜诺斯艾利斯的短篇小说。不过，小说一直到罗萨斯的独裁统治结束后很久才得以发表。小说中，宰牛与政治迫害联系起来，讲述了罗萨斯领导的准军事组织"玉米棒"（曾在近期翻译过这个故事的诺曼·托马斯·迪·乔瓦尼称玉米棒是对囚犯施行肛刑的工具）成员对一名年轻男子实施追捕与谋杀的故事。与布宜诺斯艾利斯有关的文学作品经常将这个城市描述成一个代表暴力与死亡的地方。但与此同时，这里又被视为文明的中心，其国际化的视野是阿根廷内陆省份所没有的。知识分子多明戈·福斯蒂诺·萨米恩托曾在现代早期担任阿根廷总统。在他看来，布宜诺斯艾利斯是进步的象征：

> 布宜诺斯艾利斯注定成为整个美洲最伟大的城市。她就像一个脾气温和的女舵手，温柔地倚靠着辽阔的土地，上百条河流从她脚下流过，除她之外，13个内陆省份的产品再无出口。她本可以是美洲的巴比伦，但潘帕斯的风从她身上吹过，河流和各省源源不断地送来供奉，却都消失在她的河水里。她是广阔的阿根廷土地与欧洲国家的唯一联系，只有她能开展对外贸易，只有她拥有权力与金钱。

布宜诺斯艾利斯很快便成为"架在瘦小身体上的巨人的头颅"，这个形容出自另一位作家埃塞基耶尔·马丁内斯·埃斯特拉达1940年的作品《巨人的头颅》。他在书中还谈到了这个城市的灵魂，说它"尽管理应不朽，但却和人类的灵魂一样，会随着时代的变迁而变化"。首都和各省之间的紧张关系不仅为文学创作提供了灵感，也引起了政治争端，但首都的地位不断提升，几乎所有有抱负的阿根廷作家都会到这里来，希望得到发表作品的机会，希望加入文学社团，或以这里作为跳板寻求国际社会的认可。萨米恩托在《法昆多：文明与野蛮》（1845年）中将阿根廷首都之外的土地形容为"野蛮人"——或者说是无视法律与秩序的多种族杂居人群居住的"沙漠"（尽管潘帕斯草原其实是全世界最肥沃的土地）。高乔人是其中的标志性形象，他们是潘帕斯草原上的牛仔。与北美洲的牛仔一样，高乔人最爱骑着马在一望无际的草原上驰骋，通过武力解决争端。何塞·埃尔南德斯的史诗《马丁·菲耶罗》

（分两部分别于1872年和1879年出版）向我们展现了高乔人诗意的生活，辽阔的大地与游牧生活在这部作品中被理想化。而大部分有关布宜诺斯艾利斯的文学作品对阿根廷精髓的陈述都持与此相反的观点。

城市图景

十九世纪末，以蓬勃发展的首都为背景，描写富裕而复杂的社会生活的小说层出不穷。朱利安·马特尔的《证券交易所》记述了布宜诺斯艾利斯上流社会是如何艰难应对十九世纪九十年代初那次经济衰退的，是较早记述这一主题的作品。当时，法国风格的建筑非常流行，而马特尔也决意效法左拉的"自然主义"手法，用一种有些恐惧和排斥的态度描写了十九世纪末颓废而疯狂的城市生活：

人潮在市中心的大街小巷涌动，就像鲜血在血管中奔流，而这汹涌人流的心脏就是证券交易所。在紧邻证券交易所的街区，在勉强可以避雨的窄窄屋檐下，我们看到那些蚕食我们财富的寄生虫。他们是从最遥远的地方来到这片海岸的外来移民。脏兮兮的土耳其人戴着毡帽，穿着破旧的拖鞋，面无表情地售卖着琳琅满目的商品；小贩兜售着颜色俗丽的印花布；叫卖者被迫收了摊，却仍然喋喋不休，用千奇百怪的招数招徕买主；成群的路人宁愿站在雨中听他们讲解神奇的油墨或固定窗户的泥子有何妙处；乞丐们伸出残肢，或露出腐烂的废腿，希望唤起人们的恻隐之心；头脑简单的妇女们——有些还挺漂亮——衣衫褴褛，蓬头垢面，

抱着冻得浑身发紫、濒临死亡的婴儿——他们被注射了通过非法手段获得的药品而陷入昏迷——这种景象令人不禁发问，到底谁更令人厌恶与恐惧：是为了获得一点儿施舍而残忍利用孩子的母亲，还是出于无能或者漠然，对这种惨无人道的景象袖手旁观，迫使犯罪成为唯一出路的当局？报童的叫卖声传遍整个广场，他们无惧风雨，将报纸护在衣服里，到处跑来跑去，一会儿跳上有轨电车，一会儿穿过人来车往的马路，他们总是欢快又聒噪，随时做好响应召唤的准备。总之，那一天的五月广场就像一个铺张奢华、光怪陆离的大舞台，展示着大布宜诺斯艾利斯复杂而忙碌的社会生活中所有的光鲜与苦难。

十九世纪末，大规模的移民使城市面貌发生了翻天覆地的变化，一种新的大众文学应运而生，在大批量发行的杂志上刊载。其中包括罗伯托·何塞·派罗（1876—1926）的一系列以流浪汉为题材的小说，他成功塑造了一批固定角色，包括《劳乌乔的婚姻》（1906）和《帕戈·奇科》（1920）中精明机敏、总是大获全胜的布宜诺斯艾利斯人。也正是在这一时期，新意大利移民的形象开始登场：他们勤劳努力，重视家庭，却常常被命运捉弄，无法获得应有的回报。

许多新移民所使用的不正宗的西班牙语（意西混杂语）也被运用到文学作品中，尤其多见于从世纪之交开始盛行的独幕情节剧（在风格和情绪范畴上与当代的电视肥皂剧类似）剧本中。这类大受欢迎的戏剧以城市贫民窟生活、邻里间的摩擦和酒吧或咖啡厅发生的口角为主题。剧作家阿尔贝托·瓦卡雷扎曾这样概括典型的独幕情节剧剧情："公寓天井/一个意大利人/一个刚愎自用的西班牙人/一个有魅力的女人/一个

诡计多端的男人 / 两个携带匕首的恶棍 / 几句交谈 / 一阵情绪爆发 / 一场争执 / 妒忌 / 争吵 / 困境 / 持刀伤人 / 情绪激烈 / 枪击，求救 / 警察……落幕"。

乌拉圭剧作家弗洛伦西奥·桑切斯（1875—1910）的作品特别受欢迎。《纸男孩》等剧作不仅反映了他的无政府主义原则，他对被大城市排斥的年轻人饱含情感的刻画也成了整个二十世纪一直得到延续的一种传统。与此同时，随着高乔人的生活方式接近消亡，对高乔人在潘帕斯草原上打斗的想象也成为首都戏剧的一大主题。二十世纪的最初20年，剧目数猛增：1910—1920年，在原有的20部戏的基础上，又新增了约30部。尽管大部分演出均为西班牙语，但在100年后的2010年，已有400多部剧作使用意大利语，另外还有100多部法语剧作和几十部意第绪语作品。这一年内，戏剧演出票共售出超过300万张。

新移民的生活缺乏稳定与安全，这在罗伯托·阿尔特（1900—1942）于二十世纪二三十年代创作的小说、戏剧和大量"布宜诺斯艾利斯蚀刻画"（表现城市和城市人物的报刊文章）中有深入刻画。他的父母就分别是来自德国和意大利的里雅斯特的移民。在《狂暴玩偶》《七个疯子》及其续集《喷火器》等小说中，极力追求的梦想受到肮脏现实的冲击，总是引发悲惨的结局。他作品中的人物在底层酒吧和咖啡厅中幻想和谋划，在大街上徘徊，寻找出路，逃离这巨大而压抑的城市。《七个疯子》（1929年）中发生在码头附近一家酒吧里的自杀场景格外鲜明逼真，似乎时至今日这片区域仍留有它的烙印，此外，"忧郁的皮条客"在市中心方尖碑附近的北对角被枪杀的场景也同样让人印象深刻。阿尔特在他的长篇和短篇小说中所使用的语言也反映出生活在移民聚居环境中的人们是如何使用他们蹩脚的西班牙语的：他经常根据词语的发音，而非含义，来选择用词，这种做法营造出的含糊与混乱鲜活地反映出二十世纪早期布宜诺斯艾利斯街头的嘈杂纷乱。身为一名记者，阿尔特曾在二十世纪二三十年代写出了上百篇表现布宜诺斯艾利斯众生百态的素描式作品，以精准而尖锐的笔触描绘出许多人物形象和各个街区的生活图景，比如，对二十世纪初的城郊弗洛雷斯地区，他是这样回忆的：

> 那时的弗洛雷斯多么广阔，多么美丽！到处是风车。那些住宅不像一般的房屋，倒像是别墅。有些至今仍矗立在贝尔特兰大街和雷蒙法尔孔……这些大宅都有马车房，庭院里栽满紫藤树，拴着木桶的铁链在院中的井沿上吱呀作响。

两大诗歌团体也在作品中描绘了这个城市在二三十年代蓬勃发展的繁荣景象。它们分别是布埃多诗派和以《马丁·菲耶罗》杂志为中心的诗歌团体。前者的名字源于"巴里奥"（西班牙语区）一词，强调艺术的政治意义，而后者则更强调为艺术而艺术，其成员包括豪尔赫·路易斯·博尔赫斯和奥利韦里奥·吉龙铎等人。两大团体都把布宜诺斯艾利斯视为作品的灵感源泉。从早期的《布宜诺斯艾利斯激情》（1923年）起，博尔赫斯便一再回归城市街巷的日常生活，特别是远离市中心的街区生活，这点与阿尔特的作品不谋而合。正如博尔赫斯在探讨阿根廷文学传统的作品《埃瓦里斯托·卡列戈》（1930年）中所言，他在这里发现了首都真实的美："布宜诺斯艾利斯未经筹划的、唯一天然的美只存在于郊区——水上街区布兰科恩卡拉达的轻松明快；克雷斯波别墅区、圣克里斯托巴尔南和巴拉卡斯的破败角落；拉帕特诺货仓和阿尔西纳大桥周边街巷的壮丽废墟——我坚信这一切的表现力胜过那些刻意追求美的作品，比如码头区、巴尔内阿里奥或玫瑰公园。"

博尔赫斯是否是二十世纪阿根廷最伟大的作家尚无定论，但他一定是最著名的一位。《杜撰集》中的许多故事和他的其他作品使布宜诺斯艾利斯化身为一座神秘的、令人捉摸不透的迷宫。最著名的《南方》（1953年）等其他作品则集中呈现了阿根廷首都新移民群体所固有的那种戏剧性："这个1871年来到布宜诺斯艾利斯的男人名叫约翰尼斯·达尔曼，是福音教会的牧师。他的孙子胡安·达尔曼1939年在科尔多瓦大街上的市立图书馆当秘书，他已经认为自己是不折不扣的阿根廷人了。他的外祖父是步兵师二线的弗朗西斯科·弗洛雷斯，在布宜诺斯艾利斯前线被卡特雷印度安人用长矛刺死。在这两种天生矛盾的血统之间，胡安·达尔曼（也许是受他的日耳曼血统的驱使）选择了比较浪漫的那种，他的那位先人死得很浪漫。一把老旧的剑，一个皮制的相框，里面装着一个面无表情的大胡子男人的照片，一些奔放而优美的音乐，《马丁·菲耶罗》那熟悉的诗句，过往的岁月，枯燥与孤独，都助长了这种心甘情愿，却从不外露的民族主义情绪。"

文学与政治

身为英国人和西班牙人的后裔，博尔赫斯在歌颂布宜诺斯艾利斯和阿根廷的同时，也敏锐地意识到阿根廷文学同历史悠久的欧洲文学传统一脉相承。因此，在二十世纪三十年代，他一直热情地支持布宜诺斯艾利斯颇具影响力的《南方》杂志，它是艺术的"寡头"赞助人维多利亚·奥坎波创办的。这本杂志坚定地遵循国际主义路线，向阿根廷读者传播欧洲和北美作家的新作译文。维多利亚还曾邀请国际知名人物在她位于圣伊西德罗的别墅中暂住，包括伊戈尔·斯特拉文斯基、拉宾德拉纳特·泰戈尔、安东尼·德·圣-埃克苏佩里和格雷厄姆·格林等人。《南方》派的世界主义和开放态度，连同他们保守的政治观点，使他们与左翼作家之间的冲突日益加剧，左翼作家认为阿根廷人应当把关注点放在国内，只写本国的城市与乡村。到二十世纪三四十年代，政治局势的恶化使原本悄无声息的冲突凸显出来。比如在剧场，政治化的剧目不断增多，试图对在著名的"臭名昭著的十年"间不断扩大的妥协者们提出质疑，而传统的商业剧则受到排挤。创办于1931年的人民剧团"以向大众普及现代戏剧为宗旨，致力于为人民带来精神救赎"。1937—1943年是这一剧团最活跃的时期，随后它被新上台的军政府强行赶出了位于市中心的人民剧院。直到40多年后，人民剧团才获准在科连特斯大道附近的一个地下剧场重新开展常规演出。

1946年，庇隆上校开始掌权，作家和知识分子群体进一步分化。一些左翼人士认为他的民粹主义民族主义主张真实地表达了阿根廷人的身份，但首都的保守派作家却排斥庇隆主义运动所主张的价值观，认为庇隆主义过于简单化，与思想和表达自由相悖。博尔赫斯和他的作家朋友们经常在市中心佛罗里达大街等地的咖啡厅会面，1948年，他与挚友诺拉·兰格因为在一家咖啡馆内高唱国歌，要求尊重1853年宪法而被警察逮捕。之后，博尔赫斯被免去国家图书馆馆长职务，侮辱性地派往首都的一处市场担任家禽检查员。他的老朋友维多利亚·奥坎波也由于参与"反庇隆主义"活动而被短暂关押。此外还有很多知识分子遭遇新政权的打压，包括刚刚崭露头角的新一代作家胡里奥·科塔萨尔（1914—1984）。他 1951 年离开布宜诺斯艾利斯，再也没有真正回来过，但在他的作品，特别是代表作《跳房子》（1963 年）中，无论是在实际的场景中，还是在情感层面，布宜诺斯艾利斯都无处不在。在《装备用 62 型》（1968 年）中，即使这个城市已经变为一场梦魇，他也未曾放弃它："我趁夜潜入我的城市，我降临这个城市，人们在此等待我，抑或伤害我，我必须逃离一些可怕的约会，逃离一些不可名状的东西，与手指的约会，与衣柜中几片血肉的约会，与一个我无法找到的淋浴室的约会，我的城市拥有一些淋浴室，它还拥有一条运河，运河将我的城市一分为二，没有桅杆的巨轮以令人无法忍受的寂静驶向一个我本知道，但却在归途中忘记了的终点，驶向被我的城市拒绝的终点，因为没有人在那里登船，因为这是我们停留的地方，即使那些船照旧驶过，在其中一艘船的光滑的舰桥上，有个人正盯着我的城市……"

这类幻象与莱奥波尔多·马雷查尔（1900—1970）等庇隆主义作家的作品形成强烈的反差。马雷查尔的《布宜诺斯艾利斯的亚当》于 1948 年出版，篇幅长达 700 页，开篇便是一段著名的献给这个欣欣向荣的工业化城市的赞歌：

> 如果你可以像鸟一样飞向高空，像麻雀一样俯瞰这座城市，我相信你那忠诚的布宜诺斯艾利斯人的眼睛此刻所看到的景象会让你的心中溢满骄傲。发出洪亮噪音的黑色船只停靠在布宜诺斯艾利斯的圣玛丽亚港，他们向码头的卸货平台抛掷的是东西两个半球的工业化硕果，是四大人种的颜色和声音，是七大洋的碘和盐；与此同时，高大、庄严的船队满载着我们这片土地的动植物和矿产资源向八个方向分头驶去，军舰刺耳的汽笛声仿佛在向他

们道别。如果你从这里沿着里亚丘埃洛河飞向肉类加工厂，你会欣赏到成群的小牛沐浴在阳光中蠢蠢欲动，低声哞叫，它们正等待屠夫的捶打和精湛的刀技，准备向全世界的口腹之欲献祭。火车发出奏鸣，驶入城市，或驶向北方的丛林、西部的葡萄园、中部的平原和南方的牧场。从工业化城市阿韦亚内达，到北部的贝尔格拉诺，这个大都市曾接受里瓦达维亚和萨米恩托狂热的宣言，它被一圈烟囱环绕，浓烟在郊区粗犷的天空中形成一幅写意画。砝码和标尺的碰撞声，收银机清脆的叮当声，刀剑相撞般的争吵和打斗声，似乎能够打破这喧嚣都市的节奏的急促脚步声：在收复失地街上，银行家们正在玩着疯狂的幸运轮盘游戏；再远处，像几何学家一样严谨的工程师们正在计算世界级的大桥和高速路建设方案。布宜诺斯艾利斯为重新开始运转而放声大笑。工业和商业正牵着她的手，为她引路。

与这种夸张的描写手法相比，科塔萨尔、博尔赫斯和他的挚友阿道夫·比奥伊·卡萨雷斯（1914—1999）等作家仍旧将这个城市作为神秘和幻想的跳板。在《死亡和指南针》中，博尔赫斯将原本时髦的近郊住宅区阿德罗戈变为极尽险恶之地，比奥伊·卡萨雷斯则在《对猪战争日记》（1969年）中为之后几十年席卷这个城市的政治暴力创作了一则寓言。另一位布宜诺斯艾利斯的小说家埃内斯托·萨瓦托（1911—2011）将这个城市称作"巴比伦尼亚"，他笔下的人物游荡在布宜诺斯艾利斯的街头巷尾，从巴拉卡斯到贝尔格拉诺，只为追寻一次机缘，使他们能够顿悟这个城市的生活。

二十世纪六十年代，随着军政府的镇压加剧，左翼游击队出现，布宜诺斯艾利斯的许多作家也更加深入地参与到政治活动中。其中几位作家更因投身政治活动而在日后付出了生命的代价，比如短篇小说作家鲁道夫·沃尔什和小说家哈罗尔迪·康迪，他们赫然出现在1976年军事政变后惨遭安全部门屠杀的数千人之列。奥斯瓦尔多·德拉贡将"革命"戏剧搬上独立剧场的舞台，而里卡多·哈拉克等剧作家则继续将社会现实主义传统发扬光大。罗伯托·科萨的作品以普通阿根廷人的日常生活为主题，但他最著名的剧作《阿妈》（1977年首演）则是一部与早期独幕喜剧遥相呼应的辛酸闹剧。科萨以港口俚语刻画了一个"典型"的意大利移民家庭，这个家的成员都拼命想要逃离专横的祖母，而这个盼望着有朝一日能回到位于意大利的童年故乡的祖母已经把整个家都吃穷了——这或许正隐喻了将布宜诺斯艾利斯老百姓对未来的美好幻想逐渐蚕食的天文数字般的通货膨胀。十年后，科萨又凭借《老教授和我》续写辉煌，这部剧在布宜诺斯艾利斯市中心的一家剧院上演超过5000场。庇隆主义末期的骚乱与紧随其后的军事专制促使爱德华多·帕夫洛夫斯基（《加林德斯先生》）与格里塞尔达·甘巴罗（《暹罗人》《求死》）等剧作家探讨阿根廷暴力和恐怖事件背后的心理和存在原因。

  二十世纪七十年代的暴力时期，特别是1976—1983年军事专政时期，大量作家被迫离开他们深爱的故乡，流亡海外。一些作家，如温贝托·贡斯坦蒂尼，曾怀恋地写道，自己居住的墨西哥"距离拉巴斯咖啡馆有5000公里"，这家咖啡馆位于布宜诺斯艾利斯市中心的科连特斯大道上，曾是作家和知识分子清晨或夜晚聚会探讨文学或政治的地方。在1984年出版的小说《弗朗西斯科的长夜》中，贡斯坦蒂尼（1924—1987）对恐怖年代做出了更直白的描写，而这部小说正是在他经历"七年七个月零七天"的逃亡岁月，回到布宜诺斯艾利斯后不久出版的。小说家曼努埃尔·普伊格（1932—1990）的作品《蜘蛛女之吻》后来被好莱坞改编成电影，获得巨大成功。这部作品以布宜诺斯艾利斯的一处监狱为背景，主要是瓦伦第和莫利纳两人的对话。瓦伦第因信仰马克思主义政治而入狱，莫利纳则是一名同性恋者。由于主题颇具争议性，这本书在布宜诺斯艾利斯一度遭禁，直到1983年劳尔·阿方辛上台，恢复民主，才得以出版。托马斯·埃洛伊·马丁内斯的两部小说《庇隆的小说》（1985年）和《圣艾维塔》（1995年）探讨了庇隆主义神话及其两位领袖对众多阿根廷人的影响。此后的《探戈歌手》则深入城市黑洞，数千人在这里消失得无影无踪，但显然无人关心他们的去向。1983年，另一位被迫流亡的作家奥斯瓦尔多·索里亚诺在阔别七年后终于返回布宜诺斯艾利斯，他描述了他所看到的布宜诺斯艾利斯人的变化：

> 对于任何一个流亡归来的人而言，看到人们备受屈辱、良心不安，是最痛苦的事，是任何局外人——从某种程度上讲，流亡者也是局外人——都不忍心触及的。或早或晚，人们都会十分痛苦地试图为一切找到正当的理由。对镇压常年的视若无睹，马尔维纳斯群岛战争的骗局，都是对阿根廷精神的深深伤害，伤口不断在感染。军队正受到公众舆论和新闻媒体的攻击，但最强硬的攻击者直到最近仍是他们的共犯。这些义愤填膺的文章，收音机里批判的声音，它们竟然出自那些昨天仍在拥护这一政权的人，这简直令人震惊。这类"民主机会主义"和军事暴动一样骇人听闻。

许多阿根廷青年作家试图在作品中与二十世纪七八十年代的暴力时期达成和解，但他们所在的城市却变化无常。塞尔吉奥·比齐奥和马丁·寇汗等作家重点关注与军事专政和首都街头不断加剧的日常暴力相生相伴的道德堕落。艾伦·保尔斯等人则试图捕捉新一代布宜诺斯艾利斯人的碎片化和去政治化特征，他们无法再相信任何事物，只能在恶劣的环境中挣扎求生。诗人圣地亚哥·利亚奇在近期的作品《市政诗集》中对自己生活的这个城市不断发生的变化进行了反思：

  这周五下午
  儿童游乐场
  到处都是孩子和他们的妈妈
  这里各种文化交融
  附近秋千上的那些女孩
  有一个是玻利维亚人的女儿
  有两个的父母是秘鲁人
  还有两个女孩像是东方人
  那两个东方女孩的妈妈啊
  真是大美人。
  而我的女儿金发碧眼。

阿根廷出版业的辉煌时代早已远去，那时，布宜诺斯艾利斯曾率先引进在佛朗哥当政的西班牙受到审查的作品，并出版西班牙语新作，向整个拉丁美洲发行。现在的主流出版社都是西班牙企业或跨国公司的子公司，普遍紧跟"国际畅销书"和"机场小说"等潮流。尽管读者群规模已大大缩减，但阿根廷的首都仍是文学创新的重镇。深夜时分，科连特斯大道上的各家书店依旧向流连在街道上的人们展示着各种作品，在城市中心和西班牙语区，文学咖啡馆仍然层出不穷。新的文学杂志不断涌现，尽管很多不过是昙花一现。小型出版社以各种意想不到的方式出现。有一家出版社竟与到市中心捡拾硬纸板等包装材料糊口的拾荒者们争夺资源，以硬纸板作封面，出版廉价书籍。与此相似，独立戏剧近年来也得到复兴。一方面，科连特斯大道和拉瓦列大街上的商业性剧场继续以电视衍生剧或歌舞剧吸引观众。另一方面，在私人住宅、废弃房屋或小剧场举办的演出展现了另类戏剧的蓬勃。维维·泰拉斯等导演在探索首都神秘故事的同时，继续着他们的实验，正如《唱片骑师》（2008年）中所言：每到周末，全市各地可能会有多达40场这样的演出。

The
biography
of
Buenos Aires

布宜诺斯艾利斯 传

视觉影像 第六章

艺术、摄影与电影

最早的关于布宜诺斯艾利斯原始定居点的图片是乌利齐·施米德尔记叙佩德罗·德·门多萨那次失败的远征时所使用的一幅版画插图。这张图于1599年在纽伦堡出版，画面上有一个五边形的堡垒，门多萨的居所是一处结实的二层小楼，小楼周围是茅草屋、牵着马的男人和待宰的牛。五只巨大的木筏停靠在"拉普拉塔河/巴拉那河"岸上，附近的一座小山上有绞刑架，上面挂着已被处死的人。

这份臆想的插图是第一次定居和第二次成功建城时期得以留存的少数几张图片之一。当时西班牙殖民当局不允许这个城市拥有自己的印刷媒体，这里也没有刻印师，连叫得上名字的艺术家都少有。殖民时期遗留下的家具、肖像和宗教雕塑等文物现在大部分由位于贝尔格拉诺区的恩里克拉雷塔西班牙艺术博物馆收藏，馆外是一个环状的安达卢西亚风格花园，这是少数几个可以一窥近300年历史的地方之一。

直到十九世纪初，国外艺术家才开始通过素描和水彩画记录这个城市在阿根廷独立初期的模样。英国海员兼业余画家埃默里克·埃塞克斯·维达尔（1791年生于布伦特福德）曾于1816—1817年在阿根廷逗留。回到英国后，他将一些素描画成水彩画，24幅合为一套，交由

宪法广场的早期（1900）照片（国会图书馆，华盛顿）

R.阿克曼出版，题为《布宜诺斯艾利斯与蒙得维的亚风景画》。阿克曼在对这本画册的介绍中着重强调了这些画作的原创性："本书作者最初并没有将画作出版的打算，只是将布宜诺斯艾利斯和蒙得维的亚展现的一些特色绘成素描，自得其乐。他在这个地区生活了三年，其间最吸引他的是当地人独特的行为、习俗和习惯。据他所知，迄今为止大众还未见过关于这些地方的图片展示，因此这些画作更容易被好奇尚异之士所接受。"埃塞克斯·维达尔是第一个走进这个城市，展示五月广场和市内其他街景的人。此外，他还描绘了屠宰场和高乔人追捕美洲鸵等景象，以及沿街售卖新鲜牛奶的小男孩等"典型"人物。

如果说维达尔更关注室外场景，那么生于瑞士的查尔斯·亨利·佩列格里尼（他的儿子后来成为总统）就是第一位在阿根廷独立初期的布宜诺斯艾利斯为逐渐形成的上流社会绘制肖像的人。他的本职是工程师，1828年来到阿根廷。第二年，他为本市名媛马里基塔·桑切斯·德·汤普森绘制了一幅肖像，呈现她举办文化沙龙时的样子。这幅作品备受好评，于是，在接下来的两年里，佩列格里尼接到了大量订单，为布宜诺斯艾利斯的名流绘制了超过60幅肖像，直到罗萨斯独裁开始，很多人被迫流亡，画像活动才终止。他的画作记录了那一时期渐趋奢华的服饰风格，比如十九世纪三十年代盛行的巨型发梳（凯撒·伊波利托·巴克莱的石版画中也曾讽刺过这一潮流）等。

画笔下的布宜诺斯艾利斯

以布宜诺斯艾利斯为主题的第一幅油画作品也同样出自外国人之手，现藏于阿根廷国家美术馆。这幅画题为《1834年的布宜诺斯艾利斯港》，由苏格兰人理查德·亚当斯创作。十九世纪三十年代初来到阿根廷首都时，亚当斯的任务是协助建设这里的第一座圣公会教堂（新独立的共和国承诺信仰自由，在当地颇具影响力的英国人率先修建了一座教堂和一座公墓），但他也创作了一些水彩画，之后又将它们绘成油画。他以站在河岸边向南回望的视角观察这个位于山上的港口城市。新建的大教堂、市政厅和可以俯瞰河面的堡垒占据了画面中的主要位置，但亚当斯也细心地画上了新的圣公会教堂，并在五月广场上添加了一面高高飘扬的阿根廷国旗。

画面的前景是拉普拉塔河低平的河岸，他在这里画出了人们的各种活动。一个男人正忙着将一罐罐淡水装到有巨大车轮的手推车上，准备运往市区。离他不远，有两个男孩正在钓鱼，有人牵着一队骡子去岸边饮水。画面中部的背景是一群黑人妇女将洗白的衣物摊在地上，她们的上方是长长的林荫步道，这条宽阔的沿河大道是第一条公共步道。这幅油画带有十八世纪英国或荷兰风景画的风格。在这个位于世界最南端的城市看不到任何的异国情调或奇特之处。亚当斯及其后的一些画家将阿根廷首都与欧洲传统同化的做法，在阿根廷引发了一场关于哪些元素可以代表阿根廷"民族"的激烈争论。

十九世纪四五十年代，布宜诺斯艾利斯出现了第一批阿根廷本土知名画家。普里利迪亚诺·普埃雷东（1823—1870）为罗萨斯的女儿曼努埃莉塔绘制过一幅令人难忘的肖像，她深红色的衣服正是她父亲残暴统治的象征。另一位画家卡洛斯·莫雷尔（1813—1894）喜欢描绘城市里的小店、工作场所，以及潘帕斯草原等日常场景。

直到十九世纪中叶，阿根廷都没有正式的艺术院校。布宜诺斯艾利斯的第一家博物馆开设于1812年，当时三人执政团信守启蒙运动理念，下令设立自然历史博物馆。1828年，贝尔纳迪诺·里瓦达维亚将这家博物馆扩建为公共博物馆，在展出考古和历史文物的同时，也展览绘画和雕塑作品。但直到1878年，阿根廷现代艺术院校的先驱——美术促进协会才得以成立，而国家美术馆则直到1895年才开放。美术馆宣称致力于"及时保存阿根廷人的智慧在艺术方面的最杰出表现，使其不至于被人们遗忘"。

美术馆的画廊在一年后开放，但由于没有地方存放藏品，它最初占用了佛罗里达大街蓬马歇百货商店的部分空间。15年后，这里首次举办了国家沙龙，政府随后开始向当代艺术家大量购买艺术作品，以扩充国家美术馆的收藏。

与其他许多文化活动领域的情况相似，在十九世纪末布宜诺斯艾利斯经济蓬勃发展的时期，阿根廷绘画也深受法国的影响。库尔贝和印象派画家在阿根廷青年画家中拥有众多的追随者，他们频繁前往巴黎参观学习，并举办展览。爱德华多·西沃里正是这样一位画家，他1887年创作的《女仆的觉醒》被认为是爱弥尔·左拉所倡导的社会现实主义在视觉上的呈现，阿根廷艺术界争相模仿。当时的评论家抱怨这幅画过于粗鄙，"你甚至可以看见这个可怜的姑娘脚上的鸡眼"，但这种令人倍感亲切的新现实主义为刻画蓬勃发展的首都生活增添了新的维度。

另有一些本地艺术家向布宜诺斯艾利斯人展示了意大利的风格和旨趣。埃内斯托·德拉·卡科瓦的《没有面包，没有工作》表现了这样一幅画面：一个工人家庭围坐在餐桌旁，桌上却没有食物。男人绝望地指着窗外，远处是工厂的烟囱，工人们正在罢工，警察马上就会来驱逐他们。他的妻子绝望地望着他手指的方向。

二十世纪早期，新一代阿根廷艺术家开始对艺术界以欧洲为导向描绘世界的方式提出质疑。奈克瑟斯画派的画家们希望创作出一种专属于阿根廷的艺术。画家皮奥·科利瓦迪诺（1869—1945）曾在米兰求学，回国后在布宜诺斯艾利斯的博卡区定居（国家美术馆藏有他的一幅以里亚丘埃洛河为主题的画作）。从1910年起，他用大量作品反映这个城市的迅猛发展，创作了一系列以新的有轨电车、北对角等新建街道穿过市中心等为题材的布面油画。另一位画家马丁·马尔哈罗宣称，"面对祖国的大自然，我们需要想象它的神秘，探寻它的迹象，寻求适宜的手法来表现它，即使这意味着我们要与过去从诸位大师那里学到的一切准则和各种潮流渐行渐远"。

与文学领域相同，进入二十世纪后，随着时间的推移，绘画界也有各种截然不同的艺术"流派"逐渐在布宜诺斯艾利斯形成。其中一派因成员经常在佛罗里达大街的里士满咖啡厅聚会而被称为佛罗里达画派。（英式风格的里士满咖啡厅在2011年被卖掉，变成了一家体育用品商店，这令保守派人士大为震惊。）安东尼奥·贝尔尼、奥拉西奥·巴特勒、拉奎尔·福纳、埃米利奥·佩托洛蒂和利诺·斯普林柏格等人都是这一画派的杰出成员，艺术的形式及审美价值是他们的最高追求。要想欣赏到他们的作品，可以前往附近的太平洋百货。位于佛罗里达大街的这家传统购物中心里有近期刚刚修复的墙面和天花板装饰画，都是这一画派的杰作。

太平洋百货装饰画的作者之一是安东尼奥·贝尔尼（1905—1981），他一向关注社会问题，在晚年利用剪纸和拾得的材料创作了一系列描绘布宜诺斯艾利斯贫民区生活的作品。他还以居住在首都贫民区的顽童为原型创造了两个人物形象，一个是名叫华尼托·拉古纳的小男孩，另一个是名叫拉蒙纳·蒙蒂埃尔的小女孩。尽管贝尔尼对这个城市及其居民的刻画有时过于感伤，显得有些矫揉造作，但他的作品多年来一直备受人们喜爱，甚至在他于1981年去世后仍然热度不减。

在与佛罗里达画派有关联的艺术家中，最有趣的一位或许当属性情极为古怪的苏尔·索拉（原名奥斯卡·阿古斯丁·亚历杭德罗·舒尔茨·索拉里）。比起描绘工作室窗外的城市现实，苏尔·索拉（1887—1963）更乐于创造虚幻的世界，他在创作中融入了对占星术、佛教和东方神秘主义的兴趣，因此，他的小型水彩画作品在精神上与保罗·克利的作品高度契合。和他的挚友豪尔赫·路易斯·博尔赫斯一样，苏尔·索拉也为阿根廷首都一马平川的乏味空间加入了象征性的幻想维度。他还曾创造了几种新的语言,制作了一台极富创新精神的钢琴,并为友人编制了详尽的占星图。他是莱奥波尔多·马雷查尔的作品《布宜诺斯艾利斯的亚当》中占星师舒尔策的原型,也曾在博尔赫斯的一些短篇小说中出现。人们按照他的一件艺术作品中的奇幻风格,设计了一家新的博物馆,你可以到那里去一睹他作品的风采(苏尔·索拉博物馆,即潘俱乐部,拉普里达街1214号)。

二十世纪二十年代,布宜诺斯艾利斯的另一个艺术家群体致力于在艺术与当时渐趋白热化的政治争论及社会紧张局势之间建立直接的联系。他们组成了名为"人民艺术家"的团体。他们的作品多为石版画、雕版画和木版画,因为他们认为这样的艺术形式更廉价,更贴近普通民众。事实上,他们的许多作品都是在新建成的公共图书馆或工会办公室和学校展出的。吉列尔莫·法西奥·希贝克(1889—1935)的《分租房》就是这样一幅以首都贫民生活为主题的典型作品,画面中,几个裹得严严实实的人挤在简陋寒酸的房间里。

这一时期出现的第三个画家团体主要在以意大利移民为主的博卡港口区活动。贝尼托·昆奎拉·马丁(1890—1977)是他们中最著名的一位。身为意大利移民后裔,他一直在父亲的煤场工作,同时在夜校修习艺术课程。他很早便立志成为一名画家,1917年,他在颇具影响力的国家沙龙展中获得二等奖。港口和这里的工人一直是他创作的主要题材。尽管他总是在描绘码头工人生活的艰辛,但作品的色调却明艳欢快。随着名气渐涨,他协助创办了一所学校和一家美术馆,美术馆收藏了他和布宜诺斯艾利斯其他画家的大量作品,还保存了一系列装饰船头的人像和港口的纪念物。修复博卡区的卡米尼托巷堪称昆奎拉·马丁的另一项功绩,在这条颜色艳丽的小巷中,最早的移民所居住的铁皮屋和木屋一字排开，现已成为布宜诺斯艾利斯主要的旅游景点之一。米格尔·卡洛斯·维多利卡（1884—1995）也像贝尼托·昆奎拉·马丁一样，以繁忙的港口为主要绘画题材，他的布面油画充满诗意。

二十世纪四十年代，追随国际潮流，抽象主义实验在阿根廷逐渐取代了具象艺术。直到二十世纪六十年代，新一代具象派画家才再次崭露头角，罗慕洛·马乔和安东尼奥·塞吉成为其中的杰出人物。在这一时期，美国对阿根廷新锐艺术家的影响已超过了法国和意大利。玛塔·米努欣是布宜诺斯艾利斯街头"偶发艺术"的早期倡导者。1983年独裁政府倒台后，她用约30000本禁书堆起一座神庙，对阿根廷无法自由表达的局面表示强有力的抗议。她的一些永久性作品入藏布宜诺斯艾利斯拉丁美洲艺术博物馆。这家博物馆在2001年经济危机前开幕，现已成为集热门展览、电影院和工作坊为一体的重要文化中心。博物馆外有一座巨大的玫瑰花金属雕塑，名为"花之魂"，它会根据天气状况盛开或闭合。九十年代卡洛斯·梅内姆总统推行的政策使布宜诺斯艾利斯焕然一新，而这件雕塑作品正是那一时期最具辨识度的标志之一。新的布宜诺斯艾利斯整洁、现代、强势——直到下一次经济崩溃来临。

最近，布宜诺斯艾利斯又新添了一座精彩的博物馆，这就是阿玛丽亚·拉克罗斯·德·佛尔巴特艺术收藏馆。这座博物馆位于马德罗港一座闪闪发光的巨大飞机库内，这里收藏的十九、二十世纪阿根廷艺术品可与国家美术馆的藏品相媲美。有些展品来自古希腊和古埃及，还有一幅勃鲁盖尔的冬季风景画、一幅透纳的威尼斯风景画，另外还有一个专门的展室用于展出诸位名家为佛尔巴特家族绘制的肖像画，但这里仍以展示普里利迪亚诺·普埃雷东以来的阿根廷艺术家作品为主。许多十九世纪的画作呈现的都是潘帕斯草原的景色，另有一些以浪漫化的视角描绘了土著部落的生活场景。但与此同时，这里也全面地展现了整个二十世纪本地不同的艺术学派和趋势。部分展室专门展出劳尔·索尔迪、安东尼奥·贝尔尼等布宜诺斯艾利斯艺术家的作品，以及过去100年中众多阿根廷杰出艺术家的精选佳作。

摄　影

颇具影响力的早期画家卡洛斯·恩里克·佩列格里尼在看到同事开始钻研银版摄影这种新风尚时说："我们有敌人了。"自十九世纪四十年代起，摄影确实对阿根廷首都的视觉文化产生了重大影响。摄影第一次出现在布宜诺斯艾利斯时，这里仍然是一个"大村庄"。1843年，来自美国的约翰·艾略特在这个城市制作出了第一批银版照片。有人认为阿根廷的第一张照片就是他拍摄的。那是生于英国的海军上将吉列尔莫·布朗与妻子埃莉莎·奇蒂的一张肖像照片，现藏于老虎洲海军博物馆。

1843年，艾略特在《商业公报》和英文报纸《英国信息与阿根廷新闻》上刊登了这样一则广告："谨通知布宜诺斯艾利斯市民，他已携最先进的银版摄影设备从美国来到本地，可提供与这门值得赞美的艺术有关的一切服务。若蒙信任，他将以最快的速度为您提供最精确的肖像。他自6月26日开始工作，烦请各位前往维多利亚雷科巴新广场（阿尔托斯56号）。"他制作一张肖像照片收费100比索，在当时相当于一百美金，只有布宜诺斯艾利斯最富裕的上流阶层才承受得起。然而，布宜诺斯艾利斯上流社会中思想最为开放的那部分人大多已经逃往拉普拉塔河对岸的蒙得维的亚躲避曼努埃尔·罗萨斯的独裁统治。因此，这种富有创意的服务没什么人买账，艾略特只得放弃这一想法，一年后就离开了这里。第二位到布宜诺斯艾利斯来的专业摄影师是"纽约艺术家"约翰·A.班纳特，他似乎也遭遇了相同的窘境。他在市中心开设的工作室只维持了几个月就销声匿迹了。

银版摄影仅在十九世纪四五十年代盛行了10年，但正是使用这种技术，同样来自北美的查尔斯·德弗雷斯特·弗雷德里克斯在十九世纪五十年代初拍下了维多利亚广场（现五月广场）、市政厅和老港口最早的风光照片。六十年代，银版摄影法被湿版纸质照片取代之后，意大利移民摄影师贝尼托·帕农齐（1819—1894）于1865年出版了摄影作品集《布宜诺斯艾利斯风光》，这本图集现藏于布宜诺斯艾利斯市立图书馆。其中的照片未经艺术修饰，但却展示了这个城市大规模扩张前的样貌。图集中，我们可以看到位于收复失地街的最早的科隆剧院，以及当年的河景和港口的新建设施等，是珍贵的历史证据。与艾略特相似，帕农齐也曾在布宜诺斯艾利斯开设工作室，但几年之后便不知去向。正是在这一时期，英国人塞缪尔·布特成为发行布宜诺斯艾利斯街景明信片的第一人，他还拍下了首都中产阶级前往环境宜人的北郊或老虎洲享受周末旅行的情景。

胡安·卡马尼亚是第一批出生于阿根廷的摄影师之一，他还是一名画家，在市中心经营一家艺术用品店。此外，他还担任独裁者罗萨斯的女儿曼努埃莉塔的法语教师。安东尼奥·波佐（1829—1910）也是早期的专业摄影师，他最初专攻人像摄影，但自十九世纪七十年代起，他成为第一批走出工作室的摄影师之一，集中拍摄重大事件的照片。

1880年以后，随着布宜诺斯艾利斯成为新成立的共和国首都，摄影终于流行起来，大批富裕家庭开始到摄影工作室拍照，城市风景图册也很受欢迎。这一时期布宜诺斯艾利斯最著名的摄影工作室是亚历杭德罗·威特科姆的工作室。亚历杭德罗原名亚历山大·威特科姆，1835年生于伦敦。他于1878年来到布宜诺斯艾利斯，1880年在佛罗里达大街创办了威特科姆画廊。因为他的工作室和画廊，佛罗里达大街很快成为首都艺术界的活动中心。一直到1905年去世前不久，威特科姆仍在工作，之后他的儿子继承父业，进一步扩大业务，一直经营到1945年。此后，工作室仍然存在，但不再由威特科姆家族经营，到1970年关闭时，这间工作室为阿根廷留下了超过50万张照片。威特科姆工作室多年来所拍摄的照片构成了一部关于阿根廷首都历史和上流社会史的皇皇巨著。1970年以前，威特科姆工作室一直是为阿根廷总统拍摄肖像的官方摄影机构（多明戈·福斯蒂诺·萨米恩托的肖像是这里拍出的众多杰作之一），此外，它为上流社会几乎所有的重要人物都拍摄过照片，还记录下了街道、港口和节庆活动等成百上千个日常生活场景。

除了专业工作室之外，业余摄影爱好者也在十九世纪末迅速成长起来。1898年，律师弗朗西斯科·艾尔扎（1860—1901）与其他人共同成立了阿根廷业余摄影学会，也坐落在佛罗里达大街上。这类组织对于推动布宜诺斯艾利斯摄影艺术的发展起到了巨大的作用，因为直到许多年后，这里的职业学校和艺术院校才开始开设摄影课程。

同样是在1898年，布宜诺斯艾利斯发行了第一本带插图的杂志《脸和面具》。之后的50年间，这本杂志上的照片呈现了首都内外的各种重大事件。《民族报》和《新闻报》也开始大量使用时事照片，效果很好。二十世纪二十年代末，轻便的徕卡相机出现，阿根廷也进入了新闻摄影的新纪元。年轻的胡安·迪·桑德罗（1898—1988）或许是那时最杰出的新闻摄影师，他的职业生涯从二十世纪三十年代一直延续至七十年代。1934年，他在高空拍摄的齐柏林伯爵号飞艇来访的照片展示了这个城市令人赞叹的风光，尽管空气污染造成的浓雾已初露端倪，但方格式的街道和第一座摩天大楼仍清晰可见。迪·桑德罗还拍下了头戴草帽的民众在五月广场示威的情景，以及氛围独特的城市夜景。空旷潮湿的街道上，有轨电车的轨道闪着清光，土坯房的墙皮剥落，这正是探戈怀旧情绪的精髓。

除了这些通常不为人知的新闻摄影师，二十世纪三十年代，布宜诺斯艾利斯还迎来一大批被希特勒赶出欧洲的富有才华的难民。这些来阿根廷首都寻求庇护的人带来了实验性的摄影新手法，丰富了本土固有的摄影传统。出生于阿根廷的奥拉西奥·科波拉和他的德裔妻子格雷特·斯特恩是率先在布宜诺斯艾利斯传播新理念的人。科波拉既拍摄人像，也拍摄近乎抽象的作品，同时，他还有另外一些作品，近年来阿根廷摄影的主要推动者、天才摄影师莎拉·法西奥是这样形容的：

> 科波拉穿梭在这个城市里，寻找一些角落，无论白天或是夜晚，他总是寻找妙趣横生的光影交错，充分利用特殊的气候，呈现出一种极具吸引力的视觉效果。他的风格显然与人们对二十世纪四十年代影像的集体记忆有关，特别是他的夜景拍摄，浓重，神秘，充满微小的细节，而这些细节已成为这个城市的象征。

格雷特·斯特恩将自己的智慧与创造力献给了新兴的广告摄影业，以及"布宜诺斯艾利斯的中庭"等城市摄影项目。另一位女摄影师，安玛丽·海因里希（出生于德国，20岁来到阿根廷生活）为布宜诺斯艾利斯所有影星和名人都拍摄过照片。此外，她还为大红大紫的

《Radiolandia》周刊拍摄了40多年的封面照。1947年，她拍摄了阿根廷第一张全彩色封面照片。

正是莎拉·法西奥帮助摄影这门有着丰富传承的艺术熬过了二十世纪七八十年代的艰难岁月。她在市中心经营一家摄影馆，她的"屋顶"出版社出版了许多摄影作品集。两个机构都熬过了当时的经济和政治危机，也经受住了频繁的审查，成功存续下来。例如，早在1966年，她与作家胡里奥·科塔萨尔合作出版的《布宜诺斯艾利斯，布宜诺斯艾利斯》就因科塔萨尔对翁加尼亚上将的政权有不当评论而在阿根廷遭禁。布宜诺斯艾利斯大学出版的《布宜诺斯艾利斯，我的城市》是另一本在二十世纪六十年代大受欢迎的摄影作品集，萨米尔·马卡里乌斯以怀旧的情绪将他拍摄的这个城市的各个街区和有趣角落的照片结集成册。其中一段文字指出了当时一个日益严重的问题："布宜诺斯艾利斯是一个为四轮马车和有轨电车而设计的城市。在世纪之初，它们是主要的交通工具。50年来，从没有人考虑过帮助这个城市适应现代的交通方式。但1962年6月，我们的汽车厂每月已经可以生产10000辆汽车……阿根廷共有80万辆汽车，其中约22万辆都在首都行驶。如果再加上在邻省注册的35%的车辆，那么布宜诺斯艾利斯市中心行驶的车辆总数就达到了可怕的30万辆。当我们过马路时，汽车像风一样贴着我们的身体掠过，让我们的外形'焕然一新'，堵车时，汽车在主干道上排起长龙，发出震耳欲聋的噪音。"

二十世纪七十年代，布宜诺斯艾利斯的摄影师们陷入了一种新的困境。摄影记者不断遭受审查和骚扰。有几位政治上"左倾"的摄影师失踪，其他很多人则逃离阿根廷，流亡到西班牙、意大利等愿意接收他们的国家。安迪·戈德斯坦的《死亡之死》记录的正是这段挥之不去的黑暗岁月。关于那段时间阿根廷发生了怎样的可怕事件，书中并未言明，但也正因如此，它对死亡和回忆的反思才更有力量。与许多同事一样，戈德斯坦最初是抓拍日常事件，后来发展到用出版摄影作品集的方式来呈现故事。这类摄影作品集中最令人难忘的当数阿德里亚娜·莱斯蒂多的作品，她为布宜诺斯艾利斯监狱中的女性拍摄肖像，展示出城市生活不为人知的一面。

二十世纪九十年代末，莎拉·法西奥对布宜诺斯艾利斯当代摄影师的现状做出了如下的总结："自1970年起，背着相机包和摄影器材在街上游逛已不可能。哪怕只是停下来花些时间静心观察行人、街道或静物也会招致怀疑。因此直到最近10年，摄影师们才抛弃纯粹纪录性的视角——这种视角基本上是大环境迫使他们采用的，开始用更为自由的眼光观察世界。如今，摄影师们如果对某个社会主题有话想说，他们就会用作品来呈现，这是他们刻意选择的，因为他们受到这些主题的触动，觉得和自己有关。他们通过个人化的方式处理这些主题，但不掺杂偏见，也不转弯抹角。他们也允许自己逃离，去探索内心世界，让幻想浮现出来。"

平民的宫殿：电影院

电影是另一种在阿根廷首都迅速被人们接受的外来技术。由于十九世纪末的布宜诺斯艾利斯在文化上和法国联系紧密，利用这种新媒体创作的开创性作品很快就跨越大西洋传入了阿根廷。1896年，卢米埃尔兄弟最早的电影在巴黎上映后不到一年，就在布宜诺斯艾利斯上映了。

第二年，法国来的移民欧金尼奥·皮伊拍摄了阿根廷的第一部短片——《阿根廷的旗帜》。十年后，第一部戏剧电影出现，讲述了十九世纪二十年代阿根廷的一个历史片段：《枪决多雷戈》。接下来的几年里，布宜诺斯艾利斯陆续建起了电影实验室、制片厂，当然还有电影院。第一部未删节的电影长片《阿玛利亚》根据何塞·马莫尔的小说改编，由恩里克·加西亚·贝略索导演，吸引了一大批观众。随后，另一部根据文学作品改编的电影《高乔贵族》在1915年成为阿根廷第一部出口到整个拉丁美洲的电影。两年后，第一部"探戈"电影出现，成为一个系列作品的开篇之作。《死亡探戈》展现了移民群体的艰辛生活。阿根廷人还经常说布宜诺斯艾利斯制作了世界上第一部动画长片。这部名为《宗徒》的动画片在字幕中使用了阿根廷下层社会的俚语，并以首都的街道作为背景，有力地讽刺了伊波利托·伊里戈延总统的统治。1919年，有两部电影突出了阿根廷电影与政治的关联，分别是戏剧片《没有衣服的胡安》和反映"悲惨周"事件的纪录片（参考第51页）。

二十世纪二十年代，电影的观众群体不断扩大，大批"电影宫"陆续建成。另外，来自好莱坞的进口电影也逐渐占据了主导地位。即便如此，仍有超过100部剧情片在布宜诺斯艾利斯制作完成。费德里科·瓦莱开始推出每周一期的全国新闻短片——瓦莱电影杂志。但直到三十年代初，有声电影出现后，植根于布宜诺斯艾利斯的阿根廷电影产业才迎来了黄金时期。何塞·奥古斯丁·费雷拉在《布宜诺斯艾利斯的洋娃娃》中再次刻画了布宜诺斯艾利斯工人阶层的生活。另外，借助国际巨星卡洛斯·加德尔，探戈在电影中也流行起来。到三十年代中期，阿根廷的电影制片厂（几乎全部在布宜诺斯艾利斯或其周边地区）每年可制作25部影片以上，这奠定了它们在整个拉丁美洲的突出地位。正如蒂姆·巴纳德在《阿根廷电影编年史》中所说，这种主导地位源于题材的多样性："探戈……'社会民俗'题材……历史片和高乔史诗……犯罪惊悚片……都市剧情片……'女性'情节剧……喜剧……根据文学作品改编的影片（包括重新制作的有声版《阿玛利亚》）。"

二十世纪三十年代，布宜诺斯艾利斯的电影院已无法避免地吸引了一大批想要逃离日常生活中的现实困境，希望通过电影的魅力和空想麻痹自己的观众。豪尔赫·路易斯·博尔赫斯是这10年阿根廷最重要的影评人，他为《南方》杂志撰文描述了这种状况："走进拉瓦列大街上的一家电影院，发现自己（实在出乎我意料）来到了孟加拉湾或沃巴什大道，这感觉似乎比走进同一家电影院，发现自己（实在出乎我意料）仍在拉瓦列大街上要好多了。"正如埃德加多·科萨林斯基在以布宜诺斯艾利斯的电影院为主题的《人民的宫殿》一书中所说，这些建筑本身就试图带领观众逃离外面令人压抑的现实："就电影宫这一概念而言，电影院及其所有服务的设计初衷就是让顾客觉得自己是想象中的贵族。观众可以进入一个过去的君王从未到过的王国：电影王国。"

这些电影宫大部分位于拉瓦列大街和科连特斯大街等市中心区域的街道。在二十世纪三十年代，它们夜复一夜地吸引大批观众前来欣赏丽贝塔·拉玛克、蒂塔·莫雷略等本地明星，或路易斯·桑德里尼等喜剧演员的表演。采用最媚俗的装饰艺术风格建成的格兰大剧院或许是最宏伟的一个电影院。它宏大又俗丽，曾让二十世纪中叶阿根廷审美方面的权威人士维多利亚·奥坎波在她的《南方》杂志上抱怨说："最近，最可怕的噩梦是这样的：头顶上，夜空中繁星点点，乌云飘过，我们置身于一个神奇而可怕的城市，四周全是奶油霜色的高楼、阳台和雕像。"她更青睐格兰大剧院对面的另一家大型电影院——雷克斯大剧院。这家电影院采用她偏爱的现代主义简洁线条，从里到外都没有什么装饰，显得很节制。现在，这两座装饰艺术风格的建筑都已不再是电影院，它们已成为大型音乐会或歌舞讽刺剧的演出场地。布宜诺斯艾利斯的其他许多"电影宫"，尤其是外围地区的电影宫，已被福音教会接管，为人们提供另一种逃避现实世界的方式。

到了二十世纪四十年代，政治上风云变幻，几乎完全根植于布宜诺斯艾利斯的阿根廷电影业越来越难以与政治事件保持距离。美国政府认为阿根廷在"二战"期间的中立态度事实上是对轴心国的认同。作为报复，他们下令禁止向阿根廷出口电影胶片。阿根廷的电影制作人们向新崛起的铁腕人物胡安·多明戈·庇隆求助，希望他对这一产业给予庇护和支持。而庇隆采取的措施包括尽量压低票价，刺激上座率，立法规定阿根廷影片在整个影片播放计划中的配额（每两个月须有一周专门放映国产影片）。与此同时，他也意识到电影是为他的政权进行宣传的一种有力手段，于是逐步确立起对电影业的控制。埃德加多·科萨林斯基曾谈及庇隆的民族主义做法带来的一个政治色彩并不浓厚的后果：第一届庇隆政府颁布的"现场表演"令保护了许多已经失业或濒临失业的表演艺人。"这类表演每次 10—15 分钟，质量好坏取决于电影院追求怎样的文化水准。在格兰大剧院，这类表演通常由查尔斯·威尔逊担当，他身着闪闪发光的礼服坐在管风琴旁，演奏的曲目令人怀想起米高梅喜剧中埃塞尔·史密斯的作品。而在地处较贫困街区的一些电影院里，你会看到魔术师的兔子怎么也不肯从帽子里出来，或是弗拉门戈舞演员的舞步踏破年久失修的舞台地面。"

1955 年庇隆政府倒台后，新一代电影制片人应运而生，他们不再满足于制作逃避现实的情节剧或民族主义史诗。莱奥帕多·托雷·尼尔逊将博尔赫斯、比奥伊·卡萨雷斯和曼努埃尔·普伊格等人的作品搬上大银幕，并以他身边的城市中产阶级为灵感来源，创作了一系列心理剧。到二十世纪六十年代，面对审查制度和政治极化，阿根廷电影也变得激进。尽管粗制滥造的廉价喜剧和情节剧仍然是主流影片，展示着与布宜诺斯艾利斯的现实情景迥然相异的场景，但参与"电影解放"运动的导演们希望电影能成为革命的工具。费尔南多·索拉纳斯和奥克塔维奥·赫蒂诺于1968年导演的《燃火的时刻》正是这一运动的宣言。这些电影制片人断言"拉丁美洲是处于战火中的大陆"，他们将布宜诺斯艾利斯及其他城市目前发生的镇压景象与历史影像拼接成惊人的画面，以展示英美帝国主义是如何将阿根廷变为一个由地方"寡头政权"统治的新殖民地的。

尽管阿根廷试图掀起一场电影革命，但1970—1975年的经济和政治动荡对电影业造成了沉重的打击，许多街区的电影院关门大吉，即使是市中心的大型影院也因资金不足而无法引进好莱坞大片，拉瓦列大街也因此失去了昔日的荣光，笼罩在阴影之下。劳塔罗·穆鲁亚导演于1975年推出的《假小子宝拉》是为数不多获得成功的作品之一，这部电影以消沉的基调刻画了城市贫民窟的生活，讲述了由玛丽莲娜·罗斯饰演的少女为了生存不得不假扮成男孩，最终成功逃到相对安全的海滨度假胜地马德普拉塔的故事。

1976年的军事政变进一步加速了电影业的衰落。出于恐惧心理，观众大幅缩减，与此同时，大量左翼导演、演员和作家流亡海外。留在国内的人们也无法获得任何经费，阿根廷电影几乎只剩软色情影片或过时的闹剧。军政府的经济政策促使阿根廷敞开国门大量进口，因此在这段时期，人们想看好莱坞最新影片要比寻找任何让人反思本国现状的影片容易得多。

1983—1984年，文官政府重新掌权，这在一定程度上扭转了电影业的颓势。路易斯·普恩佐的《官方说法》是针对军政府野蛮行径的第一次，同时也可能是最有力的一次控诉。费尔南多·索拉纳斯流亡归来后，将阿根廷的古老传统发扬光大，在巴黎和布宜诺斯艾利斯两地取景，拍摄了《探戈，加德尔的放逐》一片，并邀请伟大的作曲家阿斯托尔·皮亚佐拉为电影配乐。这部电影以苦乐参半的情绪反思了曾自诩与法国首都一样优雅、繁荣的阿根廷首都，在二十世纪最后25年中是如何急剧衰落的。

九十年代，随着经济的腾飞，许多年轻的电影制作人又开始投入时间与金钱，表现当代布宜诺斯艾利斯人的生活。这一代导演大多有广告业背景，因此对电影技术运用纯熟，片中的对话和氛围充满新锐的"酷感"。2000年上映的《九个皇后》正是具有自我意识的新锐电影的典型之作，这部电影不仅征服了阿根廷观众，而且风靡全世界。影片由法比安·别林斯基编剧并导演，讲述了两个骗子在布宜诺斯艾利斯的冒险经历，在对梅内姆当政期间阿根廷出现的"新富阶层"进行讽刺的同时，也展示了正在建设中的马德罗港等新贵街区。与此同时，这些尖锐的反英雄人物总是自作聪明的行为又令观众回想起探戈系列中的主要角色克里奥尔皮条客和流氓等传统人物。帕布罗·查比罗导演1999年的作品《半天吊》也是一部展示布宜诺斯艾利斯破落郊区生活的影片，在国际上斩获大奖。这是一部黑白影片，抨击了当代阿根廷贫富差距巨大，城市工薪阶层无法享受新一轮繁荣带来的好处等现实问题。另外，马丁·赫特曼的《魔法手套》等极简主义风尚喜剧也深刻反映了城市中产阶级的神经质和强迫症状态。

然而，阿根廷电影业始终无法逃脱国内不稳定的经济局势所带来的影响，2001—2002年的经济崩溃使国内电影业再一次陷入混乱，但年青一代的导演们再次凭借强大的创造力骄傲地回应了现实的压力。丹尼尔·布尔曼导演的《等待弥赛亚》（2000年）、《失去的拥抱》（2004年）和《家庭法则》（2006年）三部曲便以揶揄的手法审视了布宜诺斯艾利斯犹太人的身份，轻松的基调与伍迪·艾伦的风格不谋而合。

阿根廷向国外电影征税的做法为新一代电影人争取到了一些优势：大部分阿根廷人似乎更愿意观看好莱坞影片和其他国外影片，但颇为讽刺的是，这种偏好却为本国的导演、演员和技术人员提供了资金，使他们能够挑战更具难度的工作。与此同时，由于在布宜诺斯艾利斯制作电影的成本相对低廉，近年来这个城市也吸引了一些国际大片来此制作，包括（在阿根廷）饱受诟病的音乐剧改编影片《艾薇塔》。制片业的蓬勃发展甚至吸引了弗朗西斯·福特·科波拉（《教父》《现代启示录》）来此居住和工作。2009年，他推出了以布宜诺斯艾利斯生活为主题的影片《泰特罗》。《泰特罗》的故事围绕一个意大利移民家庭几代人的经历展开。正如一位最仁慈的评论家所言："太烂了，却也太棒了。"

The
biography
of
Buenos Aires

布宜诺斯艾利斯传

探戈　第七章

安东尼奥·"高乔"·布拉西（1922—2007），探戈作曲家，乐队队长，手风琴演奏家（Lucasajus/维基共享资源）

城市之音

星期五的晚上，在博卡区的一家餐厅，铺着红格子桌布的长桌上摆着意大利美食，桌边是一圈木质的座椅。桌上有意大利面，免不了也有牛排，还有特别给劲的阿根廷红酒，浓郁的单宁味几乎能把你的上膛掀翻。客人都是普通的布宜诺斯艾利斯人，有情侣，也有带着孩子的家庭。似乎各个年龄段的孩子都可以带到餐厅来，在布宜诺斯艾利斯，小孩子好像并不是招人讨厌的磨人精，反而受到客人、服务员和餐厅老板的一致欢迎和优待。天色渐晚，将近午夜，忽然，吧台后面响起了探戈乐曲。沉闷的气氛为之一振，年纪大些的夫妇最先站起来，开始跳舞。随后，有些执拗的年轻人也不情不愿地加入其中，不一会儿，整个餐厅已经挤满了一对对跳舞的人，男士们挺直身板，左手握住女士的手，右手轻轻搭在她们的腰部，更讲究（或更爱出汗）的人会在右手搭上一条手帕。没有虚礼，没有炫技，当人们玩够了，就会退出人群，回到家人身边，继续享用美酒。

博卡区这种深夜起舞的场面让探戈回到了它最初起源的地方——城市里那些不起眼的角落。关于探戈究竟是如何诞生的，甚至是"探戈"这个词的含义，都有多种不同说法。有些人说它是在模仿非洲鼓的声音。这种说法的唯一问题在于，探戈乐曲中并没有鼓声。还有人说它源于葡萄牙语的动词tangere，意思是"触碰"，但这也不是早期探戈的显著特征。其实，这个词最有可能起源于非洲语言，表示供人跳舞的封闭空间。

无论这个词的起源如何，我们基本可以肯定，探戈最早出现在十九世纪七八十年代，当时布宜诺斯艾利斯这个移民城市正蓬勃发展，越来越多的港口工人、从巴拉圭战场归来的士兵、在博卡区和巴勒莫下区等贫穷街区安身的黑人等人群促使各种形式的妓院在这里兴旺起来。客人在等候时可以观看小型音乐表演作为消遣，通常是钢琴、吉他和小提琴演奏。这种音乐融合了西班牙的哈巴涅拉舞曲、阿根廷乡村的米隆加舞曲，以及黑人狂欢节的节奏。

最早的探戈舞被形容为"表现性行为的有节奏的哑剧"，通常是两名男性顾客一起跳。一百多年后，这种说法显然仍然适用。正如小说家托马斯·埃洛伊·马丁内斯在《探戈歌手》一书中所言："这种舞蹈以近乎野蛮的拥抱开场。男人的手臂环住女人的腰，从这一刻起，女士就开始退却。她会不断后退。有时男士会低下头，胸部向下压，或是侧过身与女伴脸贴脸，他的腿勾勒出纠缠的线条，女人只得配合着画出相反的曲线……这好比一种竞技性的性行为，几近完美，却完全无关情爱。"

伴随着这种舞蹈和与之相配的色情歌词，探戈逐渐发展成了一种谜一样的生活方式。故事的主人公是妓女（她们通常心地善良，善于倾听顾客诉苦，并给予肉体和精神的慰藉），开设妓院的老鸨（维持秩序和权威的人）和皮条客[有各色人等，也有各种各样的别号，如canfinflero、cafisho、enjailaifero（意为享受高贵生活的人）等]。进入二十世纪，这些皮条客成为大受欢迎的英雄人物，像布拉斯·马塔莫罗形容的那样，他们的"帽子浪荡地搭在耳朵上面，丝绸领带上别着珍珠的领带夹，每个手指都戴着戒指，通常是戴在白色小山羊皮手套的外面，肩上披着小羊驼毛斗篷，鞋罩下面的小山羊皮靴异常柔软，甚至可以折叠起来放在口袋里"。皮条客是一个特别忧郁的角色（他其实不需要做任何工作），总是对生活抱着宿命论的态度。爱德华多·阿罗拉斯是早期"探戈英雄"中最著名的一位。身为探戈音乐家兼皮条客，他爱上了"琪姬塔"，甚至娶了她。但在探戈世界里，琪姬塔必然会背叛他，与他最好的朋友私通。阿罗拉斯开始借酒浇愁，并最终离开了布宜诺斯艾利斯，前往巴黎。1924年秋天的一个夜晚，他在与法国皮条客的打斗中被刺伤身亡。

阿罗拉斯被誉为"班多钮之虎"，班多钮琴这种奇怪的乐器很快成为传奇的探戈音乐中不可或缺的一部分。班多钮琴俗称"风箱"，由德国海员在十九世纪七十年代带到布宜诺斯艾利斯。它和手风琴绝对不同。维基百科对这种乐器的定义就能体现出它的复杂程度："与键盘式手风琴不同，班多钮琴没有像钢琴一样的按键，它的两面都是键钮，每个键钮在风箱拉开和关闭时发出两种不同的音（变换音班多钮琴）。这意味着每一侧的键盘实际上有两种状态：风箱拉开是一种，风箱关闭是另一种。由于左右手键盘的布局也不相同，所以演奏这种乐器必须学会四种不同的键盘布局。但这样也有一个优势，就是音域可以从左手的低音谱号一直延伸到右手的高音谱号以上。不过，更麻烦的是，还有一种同音班多钮琴，这种琴能够更好地适应半音阶调音。"

复杂的结构使这种乐器具备了一种独特的音色，不太连贯，如同喘息一般，像是专为忧伤而热烈的探戈舞蹈和歌词而打造。最早的歌词能流传下来的很少，但其中的 Dame la lata（《给我代币》）这首作品明确显示出了探戈的起源。那时，客人会支付代币（lata）给女孩，而女孩在一天结束时要把得到的所有代币交给皮条客或老鸨来核算她的收入。（布宜诺斯艾利斯俚语中依然可以看到相关的表述，no me des lata 意即"别给我找麻烦"。）

到二十世纪初，探戈音乐逐渐走出妓院，先是传到了同一街区内的咖啡厅和城市边缘地区，继而进入了各家舞蹈学院。随着探戈音乐的普及，乐手变得更为专业，乐队也得到了扩充，增至五到六个人，包括两名小提琴手，通常还有一个单簧管演奏者。不久之后，在布宜诺斯艾利斯遍地开花的流行剧院里，探戈音乐成为独幕喜剧里的重要成分，而独幕喜剧正是在这时取代了西班牙传统的说唱剧。与此同时，上流社会的年轻人也被这股狂热感染，时常前往舞厅欣赏这种音乐，与身为常客的工人们争斗一番。

卡洛斯·加德尔

大约是在1910年阿根廷独立百年之际，探戈在布宜诺斯艾利斯才真正获得广泛的社会认可。1912年，著名的安东尼奥·德马基男爵在位于"贵族"街区雷科莱塔区的格拉斯宫首次举办了上流社会的探戈舞会，汉森和阿尔芒翁维尔等歌舞厅也成为上流人士经常光顾的地方。正是在阿尔芒翁维尔，有史以来最伟大的探戈大师卡洛斯·加德尔开始崭露头角。被誉为"南美歌鸠"的他，生平履历仍笼罩着众多谜团。首先是关于他的出生地。多年来，他一直自称在河对岸的乌拉圭出生，但有一些人坚信他身为布宜诺斯艾利斯音乐界的中流砥柱，一定出生在这个城市。事实上，他是1890年12月1日在法国西南部的图卢兹出生的，原名查尔斯·罗穆亚尔德·加尔德。他的母亲贝萨，阿根廷人叫她贝尔塔，并未结婚，未婚生子的污点似乎是迫使她在两年后移居布宜诺斯艾利斯的主要原因。因此从一开始，年轻的查尔斯——或者说卡洛斯（这是他到阿根廷后不久改的名字）过的就是一种探戈式的生活。小时候，他与母亲一起居住在城里一处主要的菜市场——阿巴斯托市场附近的工薪街区，当时卡洛斯还是个小男孩，与母亲同住一个房间。（二十世纪三十年代，一座宏伟的装饰艺术风格建筑落成，这个市场迁入其中。八十年代市场迁至郊区后，这座建筑逐渐废弃，九十年代改建为购物中心。这一区域周边至今仍是暗夜探戈的聚集地。）

关于加德尔的早年经历，还笼罩着更多谜团：据说他曾做过有轨电车售票员，有过小偷小摸的经历，甚至蹲过监狱。但到1910年后，他已经开始靠唱歌谋生。1916年，他凭借帕斯夸尔·孔图尔西作曲的《我的伤心夜晚》一鸣惊人，随后便声名鹊起，势不可当。从这首歌的歌名可以看出，这一时期探戈与悲伤和失落的情绪仍然紧紧相连，也抒发着数十万新来的移民常有的那种去国怀乡的愁绪。因此，探戈也被称为"布宜诺斯艾利斯的布鲁斯"，不过相较于美国黑人遭受的现实迫害，探戈所表达的更多是一种精神上的苦楚。

加德尔很幸运，他出道的时间正好是唱片发明不久，也是"电影宫"开始上映热门默片的时候。在早期的一部卖座电影《桃花》（1917年）中，他首次亮相，翻唱唱片中的歌曲，或在探戈乐团的伴奏下现场演唱。

到1919年左右，探戈不仅已经风靡布宜诺斯艾利斯和整个阿根廷，在马德里、伦敦、纽约和巴黎也掀起了同样的热潮。阿根廷历史上多次出现的一种现象重演了：谁在被阿根廷富裕阶层视为精神家园的巴黎获得国际性的成功，谁就能进一步巩固自己在阿根廷国内的声誉。这意味着像加德尔这样的歌手有机会成为国际巨星。二十年代，他先后前往法国和纽约唱歌，录制唱片，并主演电影。1934年的歌曲《我可爱的布宜诺斯艾利斯》出自同名电影，是他最成功的作品之一：

> 我可爱的布宜诺斯艾利斯
> 当我与你再相见
> 悲伤与遗忘已如过眼云烟……

这是布宜诺斯艾利斯人乡愁的精髓。他也许不得不离开这个城市，去历练自己，去实现自己的愿望，但只有当他回到这个港口，忆起曾经的生活是多么单纯，他才会感到圆满与快乐：

> 那小巧的街灯，立在故乡的街边，
> 它见证了我最初的爱情誓言。
> 它宁静的光芒如此耀眼，见到我心爱的姑娘，
> 她如阳光般明艳。
> 命运让我与你再相见，
> 你是我唯一热盼的故乡，
> 班多钮琴忧郁的琴声萦绕耳边，
> 我的心几乎要飞出胸膛。

这场景并非发生在市中心，而是在一个"小巧的街灯"照亮的贫穷

街区，而他所爱的姑娘是一个 pebeta，这个词本意是"面包卷"，在布宜诺斯艾利斯俚语中指年轻女孩儿（类似的词还有很多，比如 papusa、mina 等）。尽管歌曲咏唱的是"我唯一热盼的故乡"，但在同一时期的一次采访中，加德尔坦诚地表达了许多艺术家对这个城市的矛盾情感：

> 在布宜诺斯艾利斯待了几个月后，我产生了不可抑制的想离开的念头……我似乎就是一个流浪者，从不满足于自己的命运……布宜诺斯艾利斯真的很不错，科连特斯大街拥有难以言表的魅力，像铁链一样将我们束缚住……但当你已经见识过巴黎，去过蔚蓝海岸，当你已经获得过皇室的掌声，这些已经无法满足你……

1936 年，这位 Troesma（maestro 的倒读隐语，大师之意）在远离故土的哥伦比亚死于一次空难。这更令这首献给布宜诺斯艾利斯的怀旧情歌增添了几分凄美。加德尔的遗体后来运回布宜诺斯艾利斯安葬。1937 年，一座高于他本人的铜像在恰卡黎特墓园揭幕。歌迷们仍然让他像生前一样，右手随意地夹着一根点燃的香烟，衣服的扣眼上别着一朵红色的康乃馨。雕像上刻着："卡洛斯·加德尔，一天唱得比一天好。"在探戈史上，再没有人能像卡洛斯·加德尔一样成为神话，像他一样获得一代又一代布宜诺斯艾利斯人的热爱。阿根廷社会学家胡安·何塞·塞夫雷利曾在《布宜诺斯艾利斯，日常生活与异化》（1964年）一书中指出，他的走红"象征着失败者的一种意淫，他们仇富，因为他们自己无法成为富人。他是那个'做到了'的人，他做到了，就为那些永远无法做到的人报了仇。他是一个从阿巴斯托的群租房起步，一步步走到了国际大资产阶级令人目眩神迷的宴会桌上的人。"

不断变化的体裁

二十世纪二三十年代，新媒体的迅猛发展使加德尔等歌手和刚刚走向专业化的探戈乐队受益匪浅。乐谱和唱片的销量都可上千。收音机开始播放探戈音乐会。阿根廷制作的第一部有声电影也自然而然地题为《探戈》（1933年），同样是在1933年，第二部有声电影制作完成，名为《起舞》。1935年，又推出了《班多钮琴之魂》。这时，探戈已不再是凭直觉随意演奏，而开始有了分类。一个典型的探戈乐队由两把小提琴、两个班多钮琴、一架钢琴和一把吉他或低音提琴组成。人们还探索了新的节奏，另外，受北美爵士乐的影响，探戈音乐变得更为都市化。

探戈音乐所配的歌词大多套用模式化的人物和情景，阿根廷社会史学家布拉斯·马塔莫罗对此曾做出如下阐述：

> 为了一条真丝礼服裙而背叛自己的出身，在高端歌舞厅的私人包间里假装自己是法国人的邻家少女；生活贫困，被不争气的儿子们冷落的纯洁善良的母亲，她既不抱怨也不反抗，永远给予理解和宽恕；被妓女牵绊，自称是富人或家境优越的外国人的下层阶级青年；因为继承了遗产而自认为高人一等的富家子弟。歌舞厅，象征着诱惑和毁灭，出身的街区，代表着庇佑和拯救。

二十世纪三十年代的政治和经济困境使人们的悲观厌世情绪进一步

加剧。探戈作曲家阿曼多·迪谢波洛（？—1971）曾坚称"探戈是一种可以让你翩然起舞的悲伤"，并补充道，"生命是一道荒谬的伤口"。迪谢波洛将探戈的悲伤和遗憾升到存在主义的极致。《依拉，依拉》这首歌创作于1930年，也就是二十世纪第一次军事政变爆发几个月后。歌曲抒发了二十世纪喧嚣都市生活遭遇挫败后的悲凄与苦涩。不久之后，这首歌便与《我可爱的布宜诺斯艾利斯》和《回来》一同成为卡洛斯·加德尔最经典的保留曲目，80年来一直被自尊心极强的探戈歌手们传唱：

你会发现一切都是谎言/你会发现爱并不存在/这世界根本不在乎/它只是自顾自地旋转，旋转/即使你被生活击垮/被痛苦一点点吞噬/也别祈望有人帮忙/没有人帮你，一个都没有

同盛行于世纪之交的独幕喜剧以及此后的广播和电视肥皂剧一样，探戈也成为布宜诺斯艾利斯居民了解人生的重要途径，其中充满欺骗、死亡和悲剧。到最后，唯一值得信赖的只有母亲（父亲经常缺失，加德尔本人就是这样）。就像探戈唱歌曲里的那样：我们只有一个母亲。

香吻和爱情……友谊……都是可爱的闹剧，是玫瑰色的幻影。不幸的是，这个世界有太多这些……但我们只有一个母亲……尽管我曾一度忘记，但生活总会让我明白，我们只能回到那份爱里！

二十世纪四十年代，探戈音乐日趋成熟，乐团也参照北美大型乐队扩大了编制。在这种潮流的驱使下，歌手成了最为重要的人物，他们越是标榜自己过着探戈式的生活，就会越受欢迎。埃德蒙多·里韦罗和罗伯托·戈耶内切都因此走红。但与此同时，庇隆主义出于政治目的，将探戈作为民族主义文化遗产进行宣传的策略也至少导致保守派中产阶级远离了探戈。这一时期最受欢迎的主要探戈团体是阿尼巴尔·特罗伊洛带领的探戈乐团。通过与他合作，奥梅罗·曼兹等词作家仍然能够以如诗般的语句抒写出对已消失的贫穷街区的怀恋之情，正如那首著名的《南方》中唱的：

> 圣胡安和古老的博埃多，失落的天堂，
> 庞贝亚的铁路路堤，
> 二十岁的你激动地颤抖，
> 因为我偷走了你的吻。
> 过往的岁月令人怀恋，
> 生命如沙般滑落指间，
> 老街区面目全非让人失落，
> 消逝的旧梦如此苦涩。

这时，关于什么才是"纯粹"的探戈爆发了激烈的争论。一面是守旧派，另一面推崇从爵士乐甚至国外古典音乐中吸收灵感，创作新的实验性探戈音乐。争论的焦点是阿斯多尔·皮亚佐拉（1921—1992）。他是一位天才的班多钮琴演奏家，在曼哈顿长大，少年时代曾见过加德尔，四十年代与阿尼巴尔·特罗伊洛有过合作。但后来，他离开阿根廷，去学习作曲，力图复兴并净化探戈音乐。从1959年的《再见诺尼诺》（为纪念已故的父亲而作），到1985年为影片《加德尔的放逐》创作的配乐，他不断为音乐注入新鲜的理念和新的力量。守旧派认为他的音乐背弃了传统，"过于深奥"，而且皮亚佐拉的作品更适合聆听，很少适合跳舞或唱歌。但像过去一样，由于他的音乐在美国和欧洲受到了极大的欢迎和尊重，布宜诺斯艾利斯及阿根廷各地的探戈爱好者也就接受了他。

同时，到二十世纪六十年代，布宜诺斯艾利斯的青年一代更热衷于摇滚乐和表达抗议的音乐，不再喜欢父辈和祖辈所喜爱的那些小调。没什么人愿意听探戈，更没什么人愿意跳探戈了。随着政治局势逐渐变得暗淡，布宜诺斯艾利斯的青少年更愿意听披头士和其他摇滚乐队的音乐。那些歌曲中的激情和反抗欲望远比陈词滥调的探戈更加真实。但不知为何，探戈竟也熬过了军事独裁的黑暗岁月。许多卓越的歌手和作曲家逃离阿根廷，流亡国外，二十世纪六七十年代最杰出的探戈女歌手苏珊娜·里纳尔迪正是其中之一，她逃到了法国。巴黎再一次成为最优秀的探戈音乐和歌词的荟萃之地，1981年开业的"布宜诺斯艾利斯之旅"等演出场所将探戈音乐继续发扬光大。然后，正如许多年前一样，到了二十世纪九十年代，探戈再一次凯旋，征服了拉普拉塔河沿岸的新一代年轻人。

如今，借助布宜诺斯艾利斯旅游业的发展，探戈又变得随处可见。除了专门播放探戈音乐的电台，一些面向游客的歌舞厅也有精彩的演出。布宜诺斯艾利斯每年会举办一次世界探戈锦标赛，另外，同性恋探戈和面向年轻探戈爱好者的新锐电子探戈也在蓬勃发展。一些古老的探戈圣地仍然健在，例如，距科连特斯大街仅几步之遥就有一家百年老店，名字非常气派，叫"完美咖啡厅"。几乎每天下午都会有形形色色的舞者聚集在这里，在已经有些凹凸不平的镶木地板上翩翩起舞，就连盛放饮料的餐具都充满了怀旧情调，握在手中仿佛时光倒流。到了晚上，铁杆探戈迷就投入地随着米隆加舞曲跳起舞来，他们被称为"米隆加佬"，不过这个称呼令人颇为困惑，因为米隆加一词其实指的是经常穿插在探戈乐曲中间的慢节奏华尔兹舞曲。凌晨时分，他们还会前往演奏"正宗"探戈音乐的地方，比如坎宁大街的坎宁沙龙（不过民族解放正义阵线政府1974年将这条街的名称改成了斯卡拉布里尼奥尔蒂斯大街），这家沙龙的外观朴实无华，但内部却充满旧时代的荣光，舞池是这里毫无争议的主角，桌子散落在周围。

寻找舞伴的礼节很神秘。男士们在舞池边走一圈，有了想邀请的舞伴后，他们并不会开口说话，而是挑一下眉毛，点一下头，或扭一下胯来表达邀请的意思。在舞池中，布宜诺斯艾利斯的探戈专家们会倨傲地告诉初来乍到者，单单是如何走好正式舞蹈前的那几步，就要学十年。也许正因如此，最优秀的男性探戈舞者似乎都像是从二十世纪四十年代的电影中走出来的：油光锃亮的大背头、笔直的小胡子，脸上的神情就像是当天下午刚刚在赛马场赌输了全部身家。尽管探戈通常被看作彰显男子气概的舞蹈，但根据阿根廷社会学家玛尔塔·萨维利亚诺的研究，在男士挑选舞伴，以及主导舞步的过程中，探戈也为女伴提供了多种表达自己主张的途径：

> 米隆加女舞者可以通过爆发力和步伐的力度向男舞伴发起挑战，通过改变两人的身体距离、接触位置和拥抱的力道来控制重心，在舞步中尝试各种触地形式，调整交给舞伴的"身体前侧"，在"面向"男伴的同时躯干和臀部偏向其他方向，在非常规的音乐节拍上转换脚步，干扰舞伴的节奏（这就需要掌握精湛的切分

音技巧，才能继续跟上音乐）；或是在舞伴用脚步"画出"的图形基础上出其不意地添加精彩的点缀。

探戈舞是一种富于激情的挑战，一切都发生在大约12分钟的时间里，不同的乐段相互衔接，直至音乐戛然而止。保加利亚作家卡帕卡·卡萨波娃是一位探戈舞迷，在作品《十二分钟的爱》里，她借一位布宜诺斯艾利斯精神分析专家之口，指出了这种舞蹈对两性的吸引力：

诱惑（他邀请，她接受）；

投入（他们跳舞，他们在一起）；

拒绝（他们在跳完几段音乐后分开，感谢你与我共舞）；

失落（我们刚才那么亲近，现在却形同陌路，我无法忍受）；

渴望（求你，我想再跳一曲）。

The
biography
of
Buenos Aires

布宜诺斯艾利斯传

休闲娱乐 第八章

"神的存在"——向偶像迭戈·马拉多纳致敬的涂鸦（安东尼奥/维基共享资源）

休闲活动与流行文化

  这里的一切始于佩德罗·德·门多萨带来的牛和马,以及1580年跟随胡安·德·加雷前来的第二批定居者带来的更多的牛和马。它们逃出了早期定居者的营地,在广阔的潘帕斯草原上找到了合适的生存环境,繁衍生息,数量从最初的几十逐渐增至数百、数千,在开阔的平原上自由自在地漫步。土著部落虽然过去从未见过马,但他们很快就成了驾驭马匹的专家,经常骑着马突袭定居点,这种场面在殖民地的民间传说中屡见不鲜。混血的高乔人也同样擅长骑马,他们驯养马和骡子,宰杀牛,获取毛皮和油脂,同时也作为食物。

  一直到十九世纪下半叶,草原上的牛马才开始在大型农场里圈养,阿根廷无尽的财富也由此而来。许多地主在距离首都数百公里的地方建起大片的乡村别墅,从仿都铎式建筑到迷你凡尔赛宫,风格不一而足。与此同时,他们还在尽量靠近布宜诺斯艾利斯市中心的位置拥有奢华的公寓或独栋房屋。由于这些牲畜并不是集中饲养,而是放养在草原上任其自生自灭,因此一年中的大半时间,农场主都不需要待在"营地"里(这是英阿混血人的叫法)。他们可以同时享有两个世界的精华,首都可以提供丰富的文化生活和先进的文明,而在炎夏时节,当布宜诺斯艾利斯如一位来访的西班牙作家所说,"热到让人无法思考",他们就到乡下去享受简单生活。两者之间有铁路连通,交通十分便利,特别富裕的农场主更拥有私人飞机,可以自由往返。过去 400 年中,正是这片物产丰富的广阔腹地支撑了阿根廷和布宜诺斯艾利斯人的日常生活。这里丰富的农业产品意味着与安第斯山脉或中美洲生产率较低的其他拉美国家不同,在阿根廷,即使是最贫穷的人,也很少会面临食物短缺的状况。2001—2002 年的经济动荡期间,电视上播放的城市贫民窟居民四处翻找食物的场景令众多布宜诺斯艾利斯居民震惊得无以复加。这个国家坐拥物产丰富的潘帕斯草原,对他们来说这种情况根本不可能发生。

很自然地,地主阶级所支持的价值观与城市工人阶级和进步知识分子截然不同,而在布宜诺斯艾利斯,这种情况尤为明显。庇隆上校和他的追随者将"寡头政治"视为他们的敌人,时常挂在嘴边。一直到 2008—2009 年,克里斯蒂娜·费尔南德斯·基什内尔总统仍使用相似的说法来抨击"营地"势力。当时,政府试图提高农业出口税,遭到了实力强大的地主们的反对。连续几周的时间里,地主们宁愿放火烧掉农田,也不愿服从新的措施,布宜诺斯艾利斯城日复一日地被呛人的浓烟笼罩。

除了这类情况之外,如今在城市近旁拥有一片大草原对于城市人而言,大多数情况下还是件好事。在布宜诺斯艾利斯北部的意大利广场附近,坐落着阿根廷农村协会,人们通常称之为农协。每年,人们都会聚在这里,参加一年一度的展会,会上展出的是最好的牛、羊、马,以及最新的农业机械设备。每到展会期间,会场所在的巴勒莫周边街道都会被宽敞的顶级四驱车堵得水泄不通。事实上,农协是阿根廷最古老的机构之一,它成立于 1866 年,初衷是"推动改善、进步和秩序,在当前基础上实现效率更高的放牧方式，并与农耕实践相结合，研究畜种，促进农民福祉和道德建设"。协会目前约有10000名正式会员，可组成强大的利益联盟，近期与中央政府发生的争端再次印证了这个组织的强大实力。

农协展会的会址近年来随着整个国家的历史演进，经历了一系列的变迁。在九十年代中期以前，展会所在地一直是公有土地，后来卡洛斯·梅内姆总统将所有的公产都变成了私有，这片土地就卖给了农协。2005年，一位颇有权势的银行家又从农协手中买走了这片土地，很快将其交给一家私营公司管理，期限为21年。

阿根廷乡村文化直接影响首都生活的另一项活动是每年11月10日的"传统日"。这一天是生于1834年的何塞·埃尔南德斯的诞辰纪念日，他创作的高乔史诗《马丁·菲耶罗》是阿根廷最重要的文学作品之一。农协和首都其他街区每年都会举办骑手游行活动。1996年，梅内姆总统曾试图将每年的12月6日定为"高乔日"，但未获广泛响应。

经过几个世纪的进化，高乔人和农场场工用来当坐骑的阿根廷典型马种已经成为一种敏捷、强健的动物，非常适合作为布宜诺斯艾利斯流行的两种马上运动的坐骑。其中之一名为帕托，字面意思是"鸭子"，是一项令人匪夷所思的运动。它起源于这个殖民城市的早期，两队骑兵争夺一只活鸭，然后力图将其拖到或扔到对方的网中。这只可怜的鸭子几乎必死无疑。这种运动本身也极为野蛮，从下面这段描述中可见一斑："这项运动于近400年前首次在阿根廷出现，这种古老游戏的规则包括把一只鸭子扔向空中，两队骑马的人为了抓住鸭子并把它弄到一张网里而大打出手，有人甚至会被打落马下惨遭践踏。"到了十七世纪初，这项运动变得稍微文明了一些（虽然对鸭子依然很残暴），历史学家费利克斯·德·阿萨拉在一份报告中对城里的一次帕托比赛做出了如下描述:"两队人骑着马聚在一起,远处已标记好两个终点。然后,他们把装着一只活鸭的皮口袋缝好,鸭头露在外面。皮口袋上至少有两个把手,每队派出一名最强壮的选手,在两个终点中点的位置一左一右握住皮口袋的把手。他们拼尽全力拉扯,直至更强的那一方把鸭子抢走,如果另一方不及时放手,就会跌落马下。抢到鸭子的一方开始狂奔,另一方则奋起直追,努力把抱着鸭子的人围住,握住皮口袋的把手,然后双方又一次开始大力撕扯,哪一方能把鸭子弄到事先定好的终点,哪一方获胜。"

和斗牛一样,帕托运动也被视为落后的西班牙殖民时期运动而遭到唾弃,十九世纪早期阿根廷独立后,布宜诺斯艾利斯市政府就取缔了这项运动。根据1822年的法令,"第一次被发现玩帕托游戏的人将被罚做一个月苦工,如果第二次被发现玩这种游戏,处罚将加倍。第三次被发现玩帕托游戏,将被罚做六个月苦工,并对可能造成的损害予以赔偿。"

随着二十世纪人们对"传统"的兴趣复苏,这项运动采取了更为现代的形式,不再使用鸭子,而使用一个带有六个把手的皮球。这项运动的规则在1934年确立。1953年,出于培养"真正的阿根廷"精神的目的,庇隆总统颁布了17468号法案,宣布帕托是阿根廷的"民族运动"。自那以后,位于布宜诺斯艾利斯北部的农协或附近的马球场每年都会举办帕托锦标赛,布宜诺斯艾利斯省的埃拉斯将军镇是阿根廷帕托联合会所在地。

即使在布宜诺斯艾利斯,帕托也被视为一项古怪的运动,但马球比赛却被大众视为骑术和技巧的终极较量,尽管它是一个只有少数最富有的阿根廷人才能参与的项目。与阿根廷的许多运动一样,马球也是由英国人最先传入布宜诺斯艾利斯的。1875 年，前印度陆军军官大卫·申南组织了第一场正式的马球比赛。这项运动很快流行起来，首都平坦的草地和潘帕斯草原为这项考验精湛技术的赛事提供了完美的场地。1892年，河床马球协会成立，几年后改名为阿根廷马球协会。到了二十世纪，阿根廷已成为全球马球运动的中心，先后在 1924 年的巴黎奥运会和 1936 年的柏林奥运会上获得马球项目的冠军（阿根廷马球队的胜利至今仍与所有德国冠军一起铭刻在德国奥林匹克运动场的圆柱上）。现在，马球锦标赛会在赫灵汉姆俱乐部或巴勒莫区被称为"马球大教堂"的一大片开阔场地举行。

如果说这两种马上运动基本只是富人的消遣活动，那么同样位于巴勒莫区的赛马场则可以吸引数千名赛马爱好者前来赌驴和赌马。早在 1826 年，位于城南的巴拉卡斯区就举办了第一次"英式赛马会"，组织者同样是外来移民。但直到 1876 年阿根廷赛马场在贝尔格拉诺区落成，赛马才真正成为一项受到大众欢迎的运动。自那以后，赛马和赌马就成了布宜诺斯艾利斯传统周末活动的一部分。作家埃塞基耶尔·马丁内斯·埃斯特拉达在《大草原透视》中形容过它的风靡程度：

> 马是南美的英雄，高乔人身着比赛专用颜色的外套。赛马是我们的斗牛，是我们悲壮的血祭，正如足球场是我们的马戏场。赛马场可以吸引三个截然不同的阶层：血统纯正的贵族宣告着他们的家族地位，出身农村的民族主义者对马充满敬仰，与我们同属一个人种的普通大众则渴望通过赌马改变命运。

时至今日，1918 年的两场比赛仍是阿根廷广为人知的赛马神话。

一开始，毫无争议的冠军马博塔福戈（它的主人阿尔维尔来自当时最显贵的家族之一）在一场四马角逐中爆冷被年轻的对手"灰狐"击败。唐·迭戈·德·阿尔维尔无法接受失败，便向灰狐的主人发起挑战，要求两个星期后两匹马再次展开角逐。整个布宜诺斯艾利斯似乎都想知道结果如何。那天上午10点，赛马场就关闭了大门，场内已挤满了107000名观众，而比赛要到下午四点才开始。当时正冉冉升起的探戈新星卡洛斯·加德尔甚至从国内巡演中抽身出来，乘坐火车返回首都观看这场比赛。最终，栗色的博塔福戈以领先约一百米的明显优势赢得了这场比赛。

自那以后，赛马场见证过许多经典比赛，无数骑师成为赛马爱好者拥戴的偶像。埃利尼奥·雷吉扎莫或许是其中最著名的一位，他在50年的赛马生涯中赢得了3500场比赛。他的好友卡洛斯·加德尔赚了大钱，拥有了自己的赛马后，雷吉扎莫曾骑着他的马"疯子"在二十世纪三十年代中期获得九连胜的成绩。在二十世纪的很长一段时期内，场外投注都属于违法行为，但可以预见的是，这只会让人们对赌马更加欲罢不能。在布宜诺斯艾利斯，这类赌博被称为"奎内拉"，除了场外赌马，还包括非法博彩和数字类彩票。

竞技之美

布宜诺斯艾利斯的马也许很健壮，马上运动也有很强的实力，帕托也确实是官方宣布的阿根廷民族运动，但100多年来，真正令这个城市全情投入的是足球。与马球一样，足球也是跟随英国人来到拉普拉塔河畔的,他们在学校和工作场所大力推广这项运动。本市几个球队的名称印证了这一起源,比如属于卡巴利多区的西部铁路俱乐部和塔勒雷斯(铁路车间)联合足球俱乐部。当然,还有河床队和博卡青年队这对德比冤家。正如发源于英国的许多运动一样,在足球界,后起之秀往往很快就能赶超前辈。阿根廷国家队曾两次获得足球世界杯冠军。不幸的是,其中一次是在1978年军事独裁期间获得的。当时的领导人借世界杯夺冠的机会极力渲染他们给这个国家带来的进步(当时正是彩色电视机刚刚在布宜诺斯艾利斯出现的时候),宣称是他们使阿根廷重拾了民族的骄傲。但现实却极其肮脏。阿根廷是那届世界杯的主办国,然而这毫无疑问地成了当局在赛事开幕前处理掉数千名所谓的"颠覆分子"的原因之一。而且,直到今天,仍有传言称秘鲁队是因为收受了贿赂才故意输给东道主,把阿根廷队送进决赛的。

话虽如此,但布宜诺斯艾利斯的球队在南美解放者杯和南美俱乐部锦标赛中确实频频夺魁。一方面,这里气候温和,一年中的大部分时间都可以在户外进行比赛。另一方面,可能也与阿根廷有很多来自意大利、西班牙和其他足球强国的欧洲移民有关。二十世纪五十至七十年代是阿根廷足球的黄金时期,大量球员首次返回欧洲,效力于西班牙和意大利球队,展示出阿根廷球员的精湛技术。一个典型例子就是传奇球员阿尔弗雷多·迪·斯蒂法诺。他生于布宜诺斯艾利斯南部工业区巴拉卡斯一个意大利移民家庭。二十世纪七八十年代,迭戈·阿曼多·马拉多纳横空出世。他出身贫穷的南部郊区拉努斯,从贫民窟到国际巨星的崛起历程使他成为无数阿根廷年轻人的偶像。在布宜诺斯艾利斯,他曾效力于阿根廷青年队和博卡青年队,后来又先后前往巴塞罗那和意大利,并帮助那不勒斯队第一次,也是唯一一次,获得了意大利足球锦标赛的冠军。此外，1986年世界杯期间，他还带领阿根廷队击败西德队获得冠军。尽管马拉多纳在九十年代初退役后，个人生活不太光彩，但他仍然受到绝大部分阿根廷人的爱戴。他的球迷甚至修建了一座以他名字命名的教堂。他们是这样祈祷的：

我们的迭戈，在球场上，请用你神圣的左手为我们带来神力。愿你的旨意奉行在人间，如同在天上。请每天赐予我们一些神力，原谅英国人，正如我们已原谅那不勒斯黑手党。让我们不被抓到越位，让我们摆脱阿维兰热和贝利。

以马拉多纳转会那不勒斯为开端，阿根廷的许多顶级球员先后奔赴欧洲，在那里踢球可以获得远高于阿根廷的薪水。效力于巴塞罗那队的里奥·梅西就是近年来阿根廷输出的一位非常成功的球员。但这导致了优秀球员的流失，再加上本地俱乐部投资不足，布宜诺斯艾利斯足球停滞不前，即便是最高水平的球队也面临相同的困境。尽管俱乐部的忠实追随者们依然全情投入，代代延续，但与毫无特色的同一批对手无休止地重复竞赛已使比赛变得索然无味。另外，近年来的"足球流氓"现象也导致比赛中暴力事件频发。目前已发生过多起球迷斗殴致死导致比赛中断的事件。

但博卡青年足球俱乐部与河床竞技足球俱乐部之间的超级德比大战仍然是布宜诺斯艾利斯的大事：在老式的露天球场上，五万名球迷一边声嘶力竭地呐喊助威，一边挥舞着条幅，向场内投掷彩带。尽管专业球队日趋没落，但在布宜诺斯艾利斯，许多年轻人对足球仍然非常专注，有些人希望和偶像一样借此脱离贫困，有些人只是享受在城市的空地上炫技的感觉，在布宜诺斯艾利斯的街区比赛或一些令人窒息的室内足球沙龙赛中，五人制足球也很受欢迎。

另一项十九世纪从英国传入的运动是英式橄榄球。英式橄榄球的球迷相对低调，但也十分狂热。1873年，英式橄榄球第一次出现在英语学校中。在1899年之前，一直只有英国人从事这项运动。在那之后的许多年里，它也一直被看作一项"高端运动"，当然也有过一些令人意想不到的球员，比如，埃内斯托·"切"·格瓦拉从在科尔多瓦读书时，一直到四十年代在首都上大学期间，都在参与这项运动。也许正是在英式橄榄球的赛场上获得的"公平竞争"意识最终促使他投入古巴等地的反帝国主义斗争中。近年来，在圣伊西德罗和奥利沃斯等大布宜诺斯艾利斯地区较为富裕的北部街区，英式橄榄球俱乐部已经多达80家，橄榄球的全国联赛也获得了广泛的支持，注册球员近10万人。阿根廷国家队名为"美洲狮"，大部分球员来自布宜诺斯艾利斯的各大俱乐部，这支队伍在英式橄榄球世界杯等国际赛事中一直备受对手尊敬（和畏惧）。2012年，阿根廷和南非、澳大利亚和新西兰等英式橄榄球强国一同参加了新成立的南半球年度锦标赛，阿根廷英式橄榄球的实力由此获得了广泛的认可。

与逐渐崛起的英式橄榄球运动相反，曾经风靡一时的拳击运动从二十世纪七十年代起逐渐衰落。早些年，阿根廷曾接连有重量级选手，向拳王头衔发起挑战。我们已经了解到（见第三章）路易斯·安赫尔·菲尔波输给杰克·登普西这件事在阿根廷民众的想象中是如何发酵的——阿根廷人普遍认为外面的世界欺骗了他们，剥夺了他们本应获得的国际认可。一个在布宜诺斯艾利斯郊区班菲尔德长大的小男孩曾守在家里的收音机旁收听这场比赛的转播，后来，他成为二十世纪阿根廷最著名的作家之一，他就是胡里奥·科塔萨尔。据他说，正是这场比赛使他爱上了拳击运动，这种爱不仅体现在他的几部短篇小说中，更被他用来比喻各种文学体裁："长篇小说是靠点数取胜，而短篇小说则必须是击倒胜。"

时至二十世纪六七十年代，阿根廷重量级选手还延续着坚韧不拔的传统，奥斯卡·"林戈"·博纳维纳是那时的代表人物。他生于布宜诺斯艾利斯，一生中大部分时间在美国打拳。1970年，他与穆罕默德·阿里的比赛也是在美国打的，在许多阿根廷人眼中，这场比赛就像是菲尔波遭遇的不公正裁判的重演。在最后一个回合，博纳维纳被阿里击倒，但有人指出，阿里并未按规定退回到拳台的角上，因此赢得并不"光明磊落"。1976年，博纳维纳在内华达州里诺市附近一场肮脏的枪击事件中丧生。他的遗体被运回布宜诺斯艾利斯，棺椁停放在有阿根廷首都拳击圣殿美誉的月亮公园，15万人前来瞻仰。后来他被安葬在恰卡黎特墓园，与菲尔波和加德尔的墓地相距不远，位于他出生地附近的帕得利修公园也竖立了一座他的雕像。

月亮公园是二十世纪三十年代初建成的一座规模宏大的装饰艺术风格剧场，曾被誉为"运动殿堂"。它位于市中心的河边，庇隆上校正是在这里与当时年纪尚轻的演员艾薇塔不期而遇的。月亮公园剧场至今仍举办拳击赛和篮球赛，但更多是以举办摇滚音乐会而著称。

在布宜诺斯艾利斯乃至整个阿根廷，还有一项备受追捧的运动，就是赛车。正如拳击和足球一样，这一领域也曾出现过民族英雄，但近年来却因经济和政治困局而逐渐没落。最著名的本地车手无疑是胡安·曼纽·方吉奥。这位人们公认的伟大车手出生于布宜诺斯艾利斯省的一个移民家庭，曾先后效力四个车队，并在二十世纪五十年代初五次获得世界一级方程式锦标赛冠军。退役后，他于1958年再次登上新闻头条，原因是在一次前往哈瓦那时被菲德尔·卡斯特罗的手下绑架，作为反对独裁者富尔亨西奥·巴蒂斯塔的筹码。两天后，方吉奥获释，毫发无伤，而且与绑架他的人成了朋友，但他一直坚称："我从未与政治有任何牵连。"由于他的影响力以及庇隆对赛车运动的兴趣，二十世纪五十年代，一条赛道在布宜诺斯艾利斯郊外建成。此后的25年里，这里举办过多次世界一级方程式锦标赛赛事，不过也经常受到阿根廷经济和政治动荡的冲击。如1982年马尔维纳斯群岛/福克兰群岛的战争就曾导致比赛延期，九十年代的资金匮乏也使复兴赛车运动的计划搁浅。时至今日，布宜诺斯艾利斯的大部分车赛似乎都是在高速公路上进行的，司机们你追我赶，左躲右闪，似乎是在展示他们对意大利精神的传承。

精神食粮

与同为牲畜的马匹相比，跟随西班牙人来到这里的牛的命运就没有那么多姿多彩、振奋人心了。有记录表明，早在十七世纪初，这个城市里就出现了屠宰场（西语音译为"马塔德罗斯"）。甚至有一个地方就叫"马塔德罗斯"。装满牲畜的卡车排着长队，等待将车上的动物卸下，这些动物接下来会被赶入畜栏，宰杀，肢解，再没有比这更让人伤心的场面了。每天有上千头牛从利尼埃运走。

只有在被宰杀后，这些牛才能重新获得一些荣耀。牛肉会被烤成阿萨多，即烤肉，这是阿根廷文化的重要组成部分。在乡下或市区内的一些餐厅，人们会将整扇的牛肉插上扦子，放在炭火上烤。在阿根廷，几乎家家都有烤架，按照传统，周末要吃烤肉，而且每个人都要吃掉好几公斤牛肉，一顿饭通常要吃好几个小时。传统上，男主人负责烤肉，女人们则负责布置餐桌，制作沙拉，以及张罗其他活动。一顿烤肉大餐应该以辣烤意式香肠开始，烤肠常常是夹在面包里，做成堪称布宜诺斯艾利斯版热狗的烤肠三明治。第一轮的菜品应包括黑布丁，有胃口的人也可以再吃点儿松脆的甜面包配烤牛杂和牛肠。基本上，牛身上的任何部位都不会浪费，作为主菜的大块牛肉也不例外，有肋排，也有菲力。吃牛肉通常要配口感粗粝的红酒，然后按照阿根廷独特的习惯，从苏打水瓶里取气泡水来清口。

英国作家杰拉尔德·达雷尔曾在二十世纪六十年代来到阿根廷，为他的动物园搜集动物，在《悄声说话的土地》（1961年）中，他描述了在户外享用精心烤制的阿根廷阿萨多烤肉所带来的愉悦："吞下一大口柔滑温热的红酒，然后倾身向前，从面前吱吱冒油的棕色肉排上切下一片香喷喷的肉，蘸上醋、蒜和红辣椒混合成的味道刺激的调味汁，然后把它塞进嘴里，浓郁多汁，带着坚果的甜香，这简直是我生命中最满足的一刻。"达雷尔提到的调味汁是奇米丘里辣酱，它几乎是阿萨多烤肉大餐唯一的佐料。

一顿饕餮盛宴结束，现在只有一件事可做了：好好休息一会儿，轮流喝些马黛茶缓缓精神，等待电视里的足球赛开场。马黛茶是一种助消化的热饮，最初发源于北部省份的农村地区，后来传入布宜诺斯艾利斯，逐渐成为一种传统饮料。饮用马黛茶需遵循简单但严格的规矩。首先将大块的冬青叶和茎秆放在容器里，容器的选择多种多样，既可以是简朴的挖空葫芦，也可以是精致的银器。沏茶的水要烫，但不能滚开，茶要用金属吸管饮用。制作马黛茶的人通常要喝第一口，以确保一切正常。然后，他会将容器传给他右侧的人，再依次往下传，谁也不会在喝茶前去擦拭吸管。如果你喝够了，只需简单地说一句Gracias（谢谢）即可。（来自世界各地的2000多件马黛茶容器是老虎洲的马黛茶博物馆引以为豪的藏品。）

布宜诺斯艾利斯并没有太多本地美食，除马黛茶以外，大概只有两种食物：一种是在许多拉美国家都很常见的"恩帕纳达饺子"（肉馅卷饼），另一种是用猪肉、玉米和青豆熬制的"洛克罗"浓汤。不过，每一个移民群体都为阿根廷首都带来了独具特色的菜肴。尽管供应典型德奥美食的慕尼黑餐厅已不存在，但这里仍有许多德式餐厅和烘焙坊。还有一些熟食店供应被称为"马萨斯"的各种小甜点，可作为周末享用马黛茶时的茶点。最具代表性的一种甜饼名为"阿尔法乔"，它并不是首都专利，而是整个阿根廷的国民甜品。甜饼里的馅料是一种潘帕斯特产：dulce de leche，通常译为"牛奶酱"。它的制法是将牛奶煮沸并浓缩，变成甜到腻人的糊状物，供小孩子用勺子挖着吃，也可用来搭配各种甜品。布宜诺斯艾利斯还有许多西班牙不同地区风味的餐馆，以巴斯克地区的最多。尽管布宜诺斯艾利斯就在河边，离大西洋也不算远，但布宜诺斯艾利斯人显然对肉青睐有加，对鱼却兴致不高。

占据主导地位的是意大利菜。比萨店随处可见，还有很多高档餐厅供应新鲜意大利面和各种意大利地方菜。尽管据说全世界最大的带馅意面"索伦蒂诺"是布宜诺斯艾利斯的发明，但近年来人们越来越重视品质，不再单纯强调量大。阿根廷红酒得益于过去20年的现代化进程和新一轮国外投资的涌入，质量提升，已逐渐取代了进口酒。

在布宜诺斯艾利斯众多的高档商店和购物中心，意大利的影响也显而易见。由于阿根廷拥有丰富的动物皮毛等农产品资源，皮毛制品格外精美。另外，这里地处南半球，所以每一季欧洲的最新时尚都会适时传到阿根廷。布宜诺斯艾利斯人无论男女，都格外注重时尚。每到七八月，短暂的冬日到来，居住在巴瑞诺特或巴勒莫区的阔太太们就会身着皮草，招摇过市，堪称一道奇景。而在其他季节，这些皮草会被锁在银行的冷藏保险箱中。当然，时尚的重要性体现在能够被人欣赏。布宜诺斯艾利斯人是全世界最喜欢社交的一群人。全城的各式餐厅、酒吧和咖啡厅总是挤满出门享乐的中产阶级，一直到凌晨才陆续散去。忙于工作的家庭可能会雇女佣，甚至聘请厨师或清洁工，由他们在家照看孩子，这样，主人就可以在晚间出门访友，参加聚会，享受夜生活。

不难发现，这些职业人士还非常喜欢首都日常生活中的另一项重要内容：心理治疗。也许是由于布宜诺斯艾利斯有大量的犹太人，据说这里的精神分析师和治疗师人数为全球第二，仅次于纽约，尤其是在巴瑞诺特、巴勒莫和贝尔格拉诺等富裕街区，你可以找到各种各样的治疗师。（在布宜诺斯艾利斯，许多犹太移民家庭都希望儿子能成为医生，女儿成为心理治疗师。）在二十世纪早期，心理治疗几乎被看作魔术。事实上，有一位早期从业者曾在首都的各大剧院"表演"治疗过程，另一位同行则创造了"神精衰弱"这一术语，还有一位曾在医院附近的树林里实行"自然精神分析"。与布宜诺斯艾利斯的其他许多领域一样，为这一领域的新发现奠定科学、专业基础的也是欧洲移民。出生于瑞士的恩里克·皮雄·里维埃正是其中之一，正是因为他，位于布宜诺斯艾利斯郊区的博尔达医院才开始以针对精神病的分析疗法而闻名。还有一位是来自维也纳的犹太难民玛丽·兰格（1910—1987），她曾协助皮雄·里维埃成立极具影响力的阿根廷精神分析协会。

在二十世纪四五十年代，她与精神分析学派其他先驱的影响力逐渐扩大，接受治疗的病人数量也不断增多。但到了六十年代，法国人雅克·拉康成为布宜诺斯艾利斯精神分析学派的领袖。也许是因为他来自巴黎，也许是因为他被视为进步的左翼人士，在本地颇具影响力的分析师奥斯卡·马索塔的帮助下，他的学说在分析师和治疗师中风靡一时。1974年，遭遇死亡威胁的玛丽·兰格离开布宜诺斯艾利斯，前往墨西哥，据说当时她的口袋里只有200美元。在她和布宜诺斯艾利斯其他同事的努力下，阿根廷心理治疗学派在遥远的墨西哥和委内瑞拉等地生根发芽，而兰格本人则前往由桑地诺革命政府领导的尼加拉瓜的马那瓜，在那里协助开展治疗。

毫无疑问，1976年以后的军政府对这种与犹太人相关的"左倾"事业是深恶痛绝的。分析师和治疗师遭到严重迫害，新一波流亡大潮由此开始，他们的实践经验也随之传入其他国家，比如刚刚摆脱佛朗哥长期专政，对之前政权长期压制的新鲜理念保持开放态度的西班牙。到二十世纪八十年代中期，民选政府重新执政后，许多治疗师都返回了布宜诺斯艾利斯。尽管时间短、花费少、形式也灵活的"谈话治疗"已逐渐站稳脚跟，但精神分析师仍然能够获得巨大的成功，享有很高的威望。在整个拉丁美洲，阿根廷人，尤其是布宜诺斯艾利斯人，一向以热衷于分析和自视甚高而著称，人们经常开的一个玩笑是："布宜诺斯艾利斯人什么样？就我们这样。"

The biography of Buenos Aires

布宜诺斯艾利斯传

多变的面孔

第九章

马车拉着新来的移民，约1900年（国会图书馆，华盛顿）

移民与社会变迁

两百年前阿根廷独立时,布宜诺斯艾利斯的人口主要由四部分人组成:与西班牙有直接关系的人、与西班牙有遥远的关系并有土著血统的人、土著居民、充当奴隶或仆役的黑人。自那以后,布宜诺斯艾利斯居民的面貌经历了翻天覆地的变化。与一水之隔的蒙得维的亚或更往北的巴西截然不同,黑人已在这个城市彻底消失,成为这里人口变迁过程中的一个未解之谜。布宜诺斯艾利斯与拉丁美洲其他地区的另一个显著区别在于大批欧洲移民的流入,这些移民来自意大利、乌克兰,以及几乎所有地方。这种大规模移民使布宜诺斯艾利斯成为一个"欧洲式"的城市,与利马、拉巴斯、墨西哥城等地的氛围大不相同。

二十世纪早期,首都居民近一半是第一代或第二代意大利移民。布宜诺斯艾利斯还是继马德里和巴塞罗那之后的世界第三大西班牙人聚居城市。此外,城中还有近50万犹太人,德国人和英国人直到近期仍是城中相对独立的人群。随着二十世纪下半叶工业化水平不断提升,一批深色头发、深色皮肤的人涌入布宜诺斯艾利斯,他们来自阿根廷内陆地区和玻利维亚、巴拉圭等贫穷的邻国。肤色较浅的"欧洲人"与这些"小黑脑袋"(这是一个颇具侮辱性的称呼)的社会地位仍有巨大的差异,后者通常从事建筑工人或佣人等卑微的职业。

据2010年的独立200周年人口普查显示,有290万人居住在联邦首都的边界内,布宜诺斯艾利斯省人口为1560万,而阿根廷全国的总人口仅为4000万出头。时至今日,人们已很难相信这个庞大的都市在400年前建城之初只有60名定居者。这60名从巴拉圭的亚松森顺流而下来到这里的最初居民中,有一部分是在西班牙出生的"半岛人",另一部分是在美洲出生的"克里奥尔人"。在阿根廷独立前的大部分时间里,这里的人口结构都是这样:西班牙士兵、行政人员和商人涌向遥远南方的这处帝国领地,与在当地出生、讲西班牙语的人通婚。但在这个城市,与土著人通婚的情况似乎很少发生,尽管这种情况在殖民时期阿根廷的其他地区非常普遍。西班牙殖民统治者装模作样的滑稽形象在伏尔泰1759年的作品《赣第德》中被描绘得惟妙惟肖。赣第德与他心爱的姑娘句妮宫德乘船逃离葡萄牙:

> 他们在布宜诺斯艾利斯登岸。句妮宫德、赣第德船长与那名老妇人前去拜访费尔南多·德伊巴拉-菲戈拉-马斯卡莱尼-兰普多斯-苏扎总督阁下。这位伟大的贵族拥有与其冗长的名字相称的尊严。他与人说话的语气带着最高贵的轻蔑,他的鼻子抬得老高,声音也毫不留情,带着一种威风凛凛的声调,举止骄矜傲慢,以至于每一个与他打招呼的人都要忍住揍他的冲动。他对女人有强烈的欲望。

女性在首次建立殖民地的远征中确实发挥了作用:伊莎贝尔·德格瓦拉在写给居住在马德里的胡安娜公主的信中说,土著居民的袭击和食物短缺很快导致"男人们因饥饿而极为虚弱，女人只得承担所有工作，为他们洗衣服、疗伤，烹饪仅存的食物，打扫，站岗……"1580 年，从巴拉圭的亚松森沿河而下来到这里成功建立定居点的人中也有一些妇女。我们在胡安·德·加雷的记载中看到，其中一位名叫安娜·迪亚兹的女子曾在他规划的殖民城市中获得封地。不久之后，殖民地的男人们便从西班牙带来了更多的家眷，但男女比例失调的状况一直持续到二十世纪。

在独立之前，阿根廷一直维持着这种白人为主的较单一的人口结构，人口数量稳步增长。但到十八世纪，尤其是十八世纪下半叶，大量黑奴来到这里。有记载表明，1715—1739 年，英国船只从几内亚海岸运来了 18400 多名黑人奴隶，这些被迫来到这里的人大多被送往外省，在种植园工作，而留在布宜诺斯艾利斯的黑奴几乎都成为体力劳动者或佣人。据 1744 年的人口普查估测，每六名布宜诺斯艾利斯居民中便有一名是黑人或穆拉托人，40 年后，这一比例提高到 1∶4。到独立前夕，这个城市已有近 9000 名黑人或穆拉托人，10 年后，人数增至 14000 多，随后开始急剧减少。到十九世纪末，首都街道上已很难见到黑人或穆拉托人，至今仍然如此。

黑人迅速消失的原因众说纷纭。黑奴也被编入独立战争时期的军队中，许多人在战争中丧生，生者则不愿再返回这里。1813 年后，奴隶的子女成为自由民，他们与白人通婚的情况开始增多，但许多获得自由的人选择前往河对岸已有更多黑人定居的蒙得维的亚，或迁居更北边的巴西。留在布宜诺斯艾利斯的黑人则居住在较贫困的蒙塞拉特鼓区等靠近市中心的街区，许多人在十九世纪的几次传染病大流行中丧命，尤其是 1871 年的黄热病大爆发，这些街区是重灾区。而且，毫无疑问，自萨米恩托执政时期开始，阿根廷政府采取的移民政策旨在"改善种族状况"，因此更有利于来自欧洲的白人。曾在十九世纪五十年代提出"统治即移入人口"的胡安·巴乌蒂斯塔·阿尔伯尔迪总统曾在讲话中流露出这种种族歧视的观念："在英国鞋匠和阿劳干酋长之间，谁不会坚定地选择将姐妹或女儿嫁给前者呢？在美洲，只要不是欧洲来的，一切都是野蛮原始的。"这一观点也获得萨米恩托的认同，在他担任总统期间（1868—1874），欧洲移民大量涌入。他声称"克里奥尔人是下等人，他们无能，不懂礼貌，粗野，是我们国家文明进程的阻碍"。他下决心让阿根廷变成一个由有教养的德国、英国和法国人后裔组成的国家。

这个目标在接下来的80年左右在一定程度上实现了。毋庸置疑，布宜诺斯艾利斯的城市风貌比任何其他拉美城市都更像欧洲，氛围也与阿根廷内陆的小城市大相径庭。如今在布宜诺斯艾利斯居住的为数不多的黑人基本都是近年来为逃避本国暴力冲突而来到这里的非洲难民。它们大多居住在环境稍差的街区，如各国贫困移民聚居的恩斯区。

1840—1930年，阿根廷共接收了650万欧洲移民。这意味着这个位于美洲最南端的国家是仅次于美国的第二大移民目的地，加拿大（500万人）和澳大利亚（340万人）都只能排在阿根廷之后。在西属美洲的范围内，能与阿根廷相提并论的只有古巴，但古巴的移民基本全部来自西班牙，到十九世纪末古巴独立后，这种移民状况才发生变化。十九世纪八十年代，大量移民涌入布宜诺斯艾利斯，共有841000名欧洲移民在布宜诺斯艾利斯港登陆。因此，阿根廷的人口在十年间几乎翻了一番。接下来的十年里，新移民数量有所减少，不足65万人。但到了二十世纪头十年，意大利和西班牙的农村严重贫困，东边的俄罗斯帝国开始了大屠杀，于是，涌入阿根廷的移民人数又大大超过100万人。

1910—1920年的移民人数也稳定在这一水平，1921—1930年，有140万人经历7000英里的长途跋涉从欧洲来到阿根廷。在这些来自欧洲农村的新移民中，大部分人曾得到承诺，将在阿根廷获得耕地，但当他们抵达时，承诺却并未兑现，结果大多数人只能被迫进入城市里谋生，而布宜诺斯艾利斯则成为首选地。到1910年，第一代移民在首都居民中的比例已超过50%。

意大利人与西班牙人

新移民中有近一半来自意大利。由于意大利农村缺乏机会，十九世纪七十年代统一后又发生了政治骚乱，大批意大利人，特别是单身男性农业劳动者，选择远赴阿根廷探寻更美好的未来。由于这里的气候、农业条件和生活方式与他们的祖国相似，许多人留了下来。这些农业移民有时也被称为"燕子"，他们在阿根廷的夏季前来打工，一到冬季就返回意大利的农村老家，销声匿迹。渐渐地，许多人带着妻子和全家来到这个新的国度，之后他们通常会移居首都或阿根廷其他城市，在店铺或小型家族企业和工厂打工，养家糊口，同时也获得更多的教育机会。

1914年，布宜诺斯艾利斯有30万以上的居民都是在意大利出生的，约占总人口的20%，此外还有100多万人是第二代或第三代意大利移民。其中最著名的两个人或许是胡安·多明戈·庇隆和教皇弗朗西斯一世。庇隆1895年生于阿根廷，祖父是撒丁岛人。弗朗西斯一世于2013年3月成为教皇，父亲是从意大利来的铁路工人。第一批意大利移民主要来自意大利北方各省，尤其是热那亚及其周边区域。布宜诺斯艾利斯独特的俚语伦法尔多语，就是在热那亚方言的基础上发展而来的。这种语言不但外国人听不懂，许多讲西班牙语的人也同样理解不了，因为包含了不少意大利语方言词汇。二十世纪二十至四十年代的探戈歌曲使 laburar（工作）、manya（食物）和 mina（少女）等独特的表达形式流行起来。在这样的影响下，布宜诺斯艾利斯的西班牙语也沾染了意大利语的腔调。

第一次世界大战后，来自意大利南部的移民多了起来，许多新移民来自坎塔布里亚和西西里岛。正如在意大利国内一样，来自意大利北方的人往往看不起他们，不过这两部分人很快就同化了。据统计，由于意大利在第二次世界大战中战败，战后初期遭遇经济困境，又有40万意大利人来到阿根廷。其中大部分仍然选择定居布宜诺斯艾利斯或其他主要城市。如今，布宜诺斯艾利斯仍有超过一半的人口是意大利人后裔，全国范围内，有超过50万人仍是意大利公民。事实上，过去30年中，阿根廷的政治经济动荡已经引发了反向移民潮。数千可以申请意大利护照的意大利裔阿根廷青年都返回意大利去寻找工作机会或寻求更稳定的政治环境。也许与当初迫使他们来到阿根廷寻找工作机会的状况有关，他们总是往返于阿根廷与意大利之间，许多人每年仍要回意大利待上几个月。意大利人在布宜诺斯艾利斯的许多方面留下了他们的印记，无论是语言、时尚或食物。这个城市的每个街角几乎都有一家比萨店，意大利面店随处可见，意大利土豆球是工薪阶层的传统周日午餐。当然还有对歌剧的热爱，有些人还会说阿根廷人在城市街道上开车如同开赛车也是拜意大利人所赐。

尽管意大利新移民数量庞大，且使布宜诺斯艾利斯的社会结构发生了根本性的变化，但十九、二十世纪的所有欧洲移民中，仍有三分之一来自"老东家"西班牙。早年登陆布宜诺斯艾利斯的西班牙人绝大部分来自卡斯提尔和莱昂等中部高原省份。到十九世纪末，来自北部沿海地区的新移民成为主体。事实上，新移民中有一半来自西北部的加利西亚省，这里的农村人口急剧增长，导致失业率高企。巴斯克地区和加泰罗尼亚也有大批移民来到布宜诺斯艾利斯。到了二十世纪，这里的加利西亚人已经很多，许多人仍使用自己的语言，因此，"加利西亚"一词逐渐被用来指所有西班牙的移民（有时带有贬义，但大部分时间只单纯表示友好）。

仅1910年一年，就有近30万西班牙移民来到阿根廷。他们大部分留在了布宜诺斯艾利斯。尽管新一代移民与独立前来此的传统家庭和克里奥尔人的关系错综复杂，但在二十世纪二三十年代，曾有一段整个民族回归西班牙根源的时期，这在文学、建筑和艺术中均有体现。西班牙内战期间和战后，布宜诺斯艾利斯成为许多被迫逃离西班牙的共和党人的流亡之地，他们在五月广场周边和城内的各个街区开设俱乐部、餐厅和商店。佛朗哥统治西班牙的40年间，大量在当地遭遇审查的文字材料在布宜诺斯艾利斯出版，对共和国的拥护也从未间断。

德语人口

来自德语国家的人群是仅次于意大利人和西班牙人的第三大欧洲移民群体，他们对阿根廷，特别是布宜诺斯艾利斯独特的人口结构造成了重要影响。除德国以外，还有大批移民来自奥地利、瑞士（曾任总统的内斯托尔·基什内尔的父亲就是瑞士人）和东欧其他地区。最早的德语移民曾建立农业殖民地，但1870年以后，大量工程师和其他熟练工人来到布宜诺斯艾利斯并在这里定居。他们修建了自己的学校、社交俱乐部和餐厅，并创办了自己的报刊，《阿根廷日报》坚持每日以德语发布新闻，直到二十世纪末才停刊。与意大利人和西班牙人一样，尽管这些讲德语的人在欧洲拥有截然不同的背景，但来到布宜诺斯艾利斯后，他们往往融合为一个自己的社区。其中许多人在位于北部的贝尔格拉诺区定居。时至今日，这里的店铺和餐厅仍然散发着浓郁的德式风情。

一战后的危机时期，德国移民数量达到顶峰。1923年和1924年，每年都有超过10000名德国人来此，其中一半人留在了首都。1933年希特勒上台后，移民潮再一次出现，其中许多都是德国犹太人。德国移民也曾有过黑暗的一面。阿根廷军队是按照普鲁士模式建立的，武装部队中的一部分人一直对德国怀有同情，与英国势力形成对立。"二战"期间统治阿根廷的军政府在1944年加入同盟国之前一直保持中立，但众所周知，在意识形态上他们与意大利法西斯和纳粹保持着高度的一致。当时的庇隆上校更是如此。1946年掌权后，庇隆政府曾协助划定纳粹和法西斯政府官员的逃亡路线，而负责这一计划的是被称为"奥德萨"的意大利天主教会组织。尽管庇隆主义党人倾向于淡化庇隆的这部分决策，但豪尔赫·卡马拉萨在《奥德萨在南方》中有如下记载："庇隆密切参与了战犯流入这个国家的行动。此外，他还为他们提供庇护、住房和工作，在倒台后的流亡岁月中，他一直与他们保持联系。"

据称约有5000名来自德国、意大利和克罗地亚等国的人通过这条路线逃到阿根廷。1945年，关于希特勒本人乘坐U-潜艇在马德普拉塔度假村附近的海岸登陆的传言更是持续了数月之久。尽管这后来被证明是无稽之谈，但国内确实出现了许多不受欢迎的人。纳粹王牌战机飞行员汉斯·乌尔里希·鲁德尔正是其中之一。庞隆曾鼓励他协助创建阿根廷现代空军。二十世纪五十年代早期，鲁德尔宣称自己是"新希特勒"，返回德国试图重建国家社会党。德国科学家受邀前往布宜诺斯艾利斯郊区，发展阿根廷的原子工业。战争期间，纳粹曾开设公司，将大量资金转移到阿根廷的银行，因此这些新移民都受到了妥善的安置，其中最臭名昭著的当数阿道夫·艾希曼，他是将大批欧洲犹太人驱逐至灭绝营的主要组织者之一。1960年，他在大布宜诺斯艾利斯地区自己的养兔场附近被捕，送至以色列受审，1962年被处死。

犹太之城

阿根廷军队以及庞隆主义运动各派与纳粹意识形态之间的紧密联系对阿根廷犹太人产生了极为严重的影响，他们绝大部分居住在布宜诺斯艾利斯。他们认为其他阿根廷人在就业和社会关系等方面歧视他们，而且把他们当作直接的迫害对象。在1976—1983年的军政府执政期间，迫害尤为严重。大量证据显示，当时被安全机构绑架、施以酷刑，并最终"被消失"的人中，阿根廷犹太人占据了极高的比例。二十世纪九十年代，布宜诺斯艾利斯还发生过两起炸弹袭击事件。第一起袭击事件造成位于市中心繁华区域的以色列大使馆内29人丧生，第二起发生在中心街区恩斯区的AMIA犹太人社区，造成85人死亡，数百人受伤。

这类事件与冲突并未阻止更多的犹太人来到阿根廷，布宜诺斯艾利斯也成为整个美洲大陆（继纽约之后）犹太居民数量最多的城市。另外，如前所述，精神分析学家和心理治疗师的数量也仅次于纽约。

据记载，在布宜诺斯艾利斯的早期历史上，就有一些商人是葡萄牙犹太人。但犹太人大量涌入始于十九世纪下半叶。起初，犹太人主要来自法国等西欧国家，后来，为躲避贫困与大屠杀而从乌克兰和俄罗斯逃亡而来的犹太人成为主体。这段时间从俄罗斯来的犹太人数量极多，以至于ruso（俄罗斯人）至今仍是对犹太人的一种常见称呼。

有人曾试图在布宜诺斯艾利斯以北的圣达菲建立"新以色列"，这或许堪称最大胆的一项移民计划。一个名叫赫希男爵的人在那里买下大片土地，供一拨又一拨的犹太移民安居乐业。男爵希望让犹太人自圣经时代的以色列之后，第一次可以在属于他们自己的土地上劳作。这些人就是著名的"高乔犹太人"，他们饲养牛羊，采取高乔人的生活方式。据一些作家描述，他们融合得极为彻底。这些犹太人开始吃烤肉（阿萨多），同时也没有放弃他们的鱼饼冻，他们对本地的马兰波舞和对波尔卡同样热情高涨。但到了第二代，就有很多新移民相继离开这里，前往城市谋生，首都成为最受青睐的地方。他们主要迁往了两个街区：靠近市中心的恩斯区以制衣业为主，还有远一些的克雷斯波别墅区（通常被称作克雷普拉赫别墅区）。这两个街区的传统住房条件较为恶劣，大多是群租公寓，一个大家庭通常挤在一个房间里，设施也极其有限，但这里售卖犹太美食的小店充满生活气息，剧院直到二十世纪四十年代仍在上演意第绪语作品，他们还有自己的出版社（最先出版豪尔赫·路易斯·博尔赫斯作品的曼努埃尔·格莱泽正是为逃离俄罗斯1908年的大屠杀而来到这里的犹太人，居住在克雷斯波别墅区）。最早的同业公会和无政府主义者组织也是在他们开设的俱乐部中成立的。另外，传统的犹太足球俱乐部亚特兰大俱乐部也是不得不提到的。伊斯莱尔·泽特林在二十世纪初来到布宜诺斯艾利斯，当时的他只有一岁，他的诗句精准地表达了这种双重身份感：

> 我生在第聂伯罗彼得罗夫斯克，
> 危险的命运
> 与我擦肩而过。
> 直至我死在阿根廷
> 第聂伯罗彼得罗夫斯克仍是我的出生地。

二十世纪二三十年代，越来越多的西班牙裔犹太人来到布宜诺斯艾利斯。他们大多聚集在弗洛雷斯区。发迹了的意大利移民从这里搬到离市中心更远的地方，而这些新来的犹太移民则接手了他们的房子。时至今日，布宜诺斯艾利斯的犹太人约有80%为德裔犹太人，尽管他们已融入阿根廷的生活，但大部分人仍对德裔犹太人的身份抱有极强的认同感。他们对教育抱持坚定的信念，因此大量第二代或第三代犹太移民在专业、创意和商业领域有重要地位。

一战后，奥斯曼帝国也有很多人迁居到了阿根廷。这些新移民通常被称为土耳其人或叙利亚—黎巴嫩人，无论他们是犹太人、穆斯林还是基督徒，也无论他们是否来自叙利亚或黎巴嫩。来自中东的移民通常以开小店为生，他们的亲族遍及全国，但许多人仍然留在首都。近期针对阿根廷全国的一项调查估计，阿拉伯人的数量已超过300万，与犹太人一样，他们已在很大程度上被同化。

许多背景、文化和传统迥异的新移民聚集在群租公寓里，几个来自不同国家的家庭同住在一套房内。阿德里亚诺·伯杰曾在二十世纪初的《新闻报》上引用过一份关于群租公寓及其住户的报告："这里住着48

个人。四号房面积为 15×18 英尺，里面住着一对夫妻，一个 15 岁的女孩和六个男人。五号房为 15×15 英尺，住着一个女人，她的丈夫染上了传染病正在住院，另外还住着六名男子。两个厨房挤下了 11 个男人。七号房住着另外六个人。"尽管这样的居住条件经常导致不同移民群体间发生冲突，但令人称奇的是，在大批移民不断涌入这个被一位作家喻为"新巴比伦"的城市的时期，这里竟从未发生过任何大规模的骚乱或种族冲突。毋庸置疑，从十九世纪开始的严格的宗教教育禁令在很大程度上缓解了这类摩擦，无论这些新移民来自哪里，他们很快便会记住，他们已经来到了阿根廷。关于向社会上层流动的承诺也发挥了作用，至少在二十世纪的头 30 几年，移民家庭的儿女或孙辈都有希望摆脱贫困，搬出群租房。

盎格鲁阿根廷人

还有一个总有些独树一帜的移民群体，就是盎格鲁阿根廷人。他们多半来自苏格兰、爱尔兰或威尔士，但总是被称为"英国人"。第一批来到这个城市的盎格鲁人是贩卖黑奴的商人。他们于 1714 年在布宜诺斯艾利斯设立出售西非黑奴的办事处。在殖民时期，西班牙曾试图垄断布宜诺斯艾利斯的贸易，因此并不鼓励外国商人在这里开展业务，英国人仍然通过制成品走私牟取暴利，并将兽皮等农产品运回欧洲，一些人因此在阿根廷首都定居下来。

在西班牙遭受拿破仑军队入侵，帝国濒临瓦解之际，英国军队曾先后于 1806 年和 1807 年两次入侵阿根廷，但这段历史在英国本土鲜为人知。这两次侵略行动均以失败告终（参考第66页），但一些英国士兵和军官被当地居民收留，在这里扎下了根。1810年阿根廷独立前夕的一次非官方人口普查显示，这个城市的登记人口中只有126个英国公民，但他们已经设立了英国行商展售室，并在五月广场附近建起了专门的英国人居住区。阿根廷独立后，贸易禁令解除，英国于1825年承认了阿根廷这个新的国家，两国签署条约，保证英国新教徒在阿根廷享有信仰自由，死后可以在新教徒专属的墓地安葬，布宜诺斯艾利斯的英国居民人数随之显著增加。1826年，布宜诺斯艾利斯最早的报纸之一《英国信息与阿根廷新闻报》开始发行，既发布与在阿根廷的英国人相关的新闻，也提供航运及股市行情。（这份报纸于1859年停刊，但1876年创刊的《布宜诺斯艾利斯先驱报》仍然每日以英语和西语发行。）

到1830年，布宜诺斯艾利斯约有4000名登记在册的英国公民（当时的总人口约为70000人）。1835年，年轻的查尔斯·达尔文在布宜诺斯艾利斯和阿根廷其他地方生活了一段时间，他对自己的所见所闻做出的评论，代表了十九、二十世纪许多英国人的典型观点：

> 耽于声色，对所有宗教嗤之以鼻，最明目张胆的贪污，这些都极为普遍。几乎每一名公职人员都可以被收买。邮局负责人出售伪造的政府颁布的免费邮寄特权凭证，总督和总理公开联手掠夺国家财富。公正由黄金来权衡，几乎没人对它抱有指望。我认识一个英国人，他去找首席法官（他告诉我，由于不懂那地方的规矩，他进入房间的时候全身都在颤抖），对他说："先生，如果您能在某个时间点之前逮捕那个坑害了我的骗子，我愿意给您200元（纸币，约合五英镑）。我知道这是违法的，但我的律师（说出

了他的名字）建议我这样做。"首席法官微笑着表示默许，向他致谢。还没到晚上，那个人已经锒铛入狱。尽管许多官员毫无原则，全国到处都是收入不高、混乱无序的公职人员，但人民竟仍然希望民主形式的政府能够获得成功！

与此同时，达尔文也认识到，他在阿根廷的城市和农村遇到的人其实有许多优点。他的观点可以算是代表了盎格鲁阿根廷人较为宽容的一面：

> 在谈论这些国家时，应时刻谨记他们是怎样被不近人情的家长——西班牙抚养长大的。总体而言，也许更应该赞扬他们已经获得的那些成就，而不应责难那些不足。毫无疑问，这些国家极度的自由主义最终将带来良好的结果。对外国宗教的普遍宽容、对教育方式的尊重、新闻自由、供所有外国人使用的设施，特别是我不得不提到的，向每个表达最谦逊的科学主张的人所提供的支持，都是每一个来过西属南美洲的人都应感激和铭记的。

与阿根廷的其他移民一样，布宜诺斯艾利斯的英国居民数量在1850年后开始明显增长，不过从来没有出现过像意大利人或西班牙人那样的大规模移民潮。英国人留在阿根廷的主要原因是，在十九世纪下半叶，阿根廷高达80%的国外资本均来自英国，需要有英国人到这里来承担资金控制与管理的工作。因此，英国员工出现在银行业、保险业，以及新兴的铁路和有轨电车等领域。铁路开发投资占英国投资总额的近40%，铁路修建与经营均由英国人负责。由于英国人所在的英国公司总部都在伦敦，在阿根廷的英国人与其他移民群体基本没有来往，因此"英国人"一直显得不太合群。他们设立的几所学校更加凸显了这种倾向，移民的子女进入按照英国模式运营的私立学校，接受全英语教育，圣安德鲁斯、圣乔治、北国和圣希尔达等学校至今仍在。英国人还成立了会员制的俱乐部，成为最时尚的组织，另外，他们还协助建立了布宜诺斯艾利斯最强大的地主联盟——阿根廷农村协会。当然，英国人也把维多利亚时代的许多潮流都带到布宜诺斯艾利斯和阿根廷。1868年5月，第一场足球赛在巴勒莫区举行，使用的是当时已经成立的布宜诺斯艾利斯少年板球队的场地。苏格兰教师亚历山大·沃森·赫顿被誉为"阿根廷足球之父"，1891年，他创办了阿根廷足球协会，成为英国以外的第一个足球协会。网球、高尔夫球、马球、赛艇和英式橄榄球也是英国人传到拉普拉塔河沿岸来的，许多俱乐部的名字都反映了这种渊源。

英国人往往聚集在一些特定的街区，距离市中心通常有一段距离。铁路、银行等部门的员工一般居住在坦珀利或基尔梅斯等南部街区，社会地位较高的人则更青睐北部的奥利沃和圣伊西德罗（当今最著名的英式橄榄球俱乐部都集中在这里），地主们通常将赫灵汉姆作为他们在市区的基地，这个地名源于伦敦西部泰晤士河畔的一家俱乐部。布宜诺斯艾利斯的赫灵汉姆俱乐部成立于1888年。俱乐部内设有一个高尔夫球场、一个马球场，甚至还有一个板球场，至今仍在供思乡的盎格鲁人和来访运动队使用。作家菲利普·圭达拉1932年的一段描述准确把握了赫灵汉姆的精髓："距布宜诺斯艾利斯17英里的城郊，有一个迷人的地方——一家众人仰慕的俱乐部。人们在这里举行专门的球赛，跳专属的舞蹈，过只属于他们的生活。它与布宜诺斯艾利斯的联系几乎仅限于男会员需要赶早班火车前往市区，或是周六在哈罗兹享用的午餐。"

英国对阿根廷和布宜诺斯艾利斯的影响巨大，连俄国革命领袖弗拉基米尔·伊里奇·列宁都在1916年的《帝国主义是资本主义的最高阶段》中将阿根廷称作大英帝国最重要的非官方殖民地。"二战"后，这种影响急剧减少，以1948年将铁路所有权出售给庇隆上校及其所领导的阿根廷政府为标志。随后的50年里，英国资本和外派人员几乎全部撤出，北美人取而代之。他们在河边闪闪发光的钢结构摩天大楼里经营着跨国企业，还经营着国际大酒店、英语学校，甚至英文报纸。近年来，仍然认为自己是"盎格鲁人"的布宜诺斯艾利斯居民已从70000锐减至15000人左右。

近期移民

近年来，除北美以外，阿根廷外来移民的主要来源已变成南美大陆的其他国家。玻利维亚、巴拉圭和乌拉圭等国人认为阿根廷，特别是布宜诺斯艾利斯，能够为他们提供更好的经济和教育前景。这些新移民肤色偏深，通常在建筑业或工业领域从事体力劳动，或在中产阶级家庭当佣人。这也引发了排外情绪，在经济困难时期尤为明显。二十世纪七十年代末，军政府通过《一般移民法》，严禁无证移民在阿根廷工作，拒绝向他们提供公共医疗及教育，同时不断加大他们身份合法化的难度。2003年，加入南方共同市场的各国政府通过一项协议，在关税同盟范围内允许各国公民自由流动，但这仍无法阻止针对这些新移民的袭击事件不时发生。

同样遭遇这种对待的新移民还包括为数不多的韩国移民，他们中的不少人都在相对贫困的街区经营着从前属于意大利或西班牙移民的小店。但与利马或哈瓦那等城市不同的是，直到最近，阿根廷首都仍然没有真正意义上的中国移民群体。与其他国家不同，中国人并没有在十九世纪末来到这里在甘蔗种植园或铁路上卖苦力（不过有记录的第一名中国移民据称是在布宜诺斯艾利斯经营铁路的一家英国公司的员工）。不久前才开始有中国人来到阿根廷。二十世纪八十年代，数千台湾人来到这里，显然是因为害怕大陆共产党可能会接管台湾。过去十年，香港和中国其他南方沿海地区的居民也加入移民人群中，按照最新的估计，目前约有100000名中国人在大布宜诺斯艾利斯及周边省份定居。贝尔格拉诺区现在有一个小型的"唐人街"，售卖亚洲商品，每逢中国节日，也会举行庆祝活动。

正如之前所言，阿根廷从很早的时候起便在宗教与教育之间划定了明确的界限。1810年大革命之前，布宜诺斯艾利斯的教育一直由耶稣会掌管。他们在1675年建立了圣卡洛斯皇家学院，即市中心最负盛名的中学布宜诺斯艾利斯学院的前身。一种在大革命期间确立的模式，后来在阿根廷天主教会的历史上不断重复——许多普通神职人员支持独立斗争，但教会高层却较为保守，反对现有秩序发生任何改变。在贝尔纳迪诺·里瓦达维亚领导的改革派政府掌权期间，事态越发紧张。1822年，他剥夺了教会财产，并废除了什一税等特权。这类措施导致一批虔诚的天主教徒揭竿而起，他们一度成功占领市政厅，但最终还是失败了，起义领袖被处以绞刑。

多明戈·福斯蒂诺·萨米恩托当政时期，政府与天主教会的紧张局势再次升级。身为共济会成员，萨米恩托认为现代、进步的阿根廷应当挣脱宗教信仰的束缚。据传，他曾鼓励推广周日足球赛，让人们无暇去做弥撒。1884年公立学校开始发展非宗教教育，紧张局势达到顶点。天主教会高层反对这一举措，导致教堂和牧师遭到学生们的袭击。1884—1899年，阿根廷政府与梵蒂冈的关系中断。

步入二十世纪，天主教会再次分裂。一方面，信奉天主教的工人掀起运动，坚定捍卫新移民的利益。与此同时，更为保守的教会统治集团则倾向于支持试图维持旧秩序的人，对新移民的社会和政治要求加以限制。军队于1930年介入，得到了天主教会权威势力的支持，双方在接下来的十年以及战争期间一直关系紧密。在庇隆第二次出任总统期间，教会与政府的冲突再次激化。庇隆一向视天主教会为敌，特别是在他的妻子艾薇塔去世后，这种敌对情绪更加强烈。拥护庇隆主义的暴徒曾多次洗劫布宜诺斯艾利斯的教堂。因此当庇隆在1955年遭到军队驱逐时，天主教会再次选择支持政变一方。

军队在1976年接管政府后开展了大规模的镇压行动，教会在这段时间一直保持沉默，因而引发了更大的争议。天主教会既没有为数千人的消失发声抗议，也未向居住在布宜诺斯艾利斯的"被消失者"家人提供任何帮助（与智利天主教会截然相反），新教皇弗朗西斯一世也因在倒行逆施面前一直保持缄默而受到指责。据称，在耶稣会多名牧师遭受迫害时，身为当时阿根廷耶稣会会长的他并未挺身而出加以阻止，也未在残暴的军事专政时期发声维护人权，这种默许的态度不仅极大地损害了教会在普通民众中的声誉，也明显推动了福音基督教会在二十世纪九十年代的兴起。

自阿根廷独立以来，布宜诺斯艾利斯一直奉行信仰自由，许多截然不同的宗教团体蓬勃发展。犹太哈西德教派、圣公会、德国新教和穆斯林都有数千人之多。毗邻而居的俄罗斯东正教堂与莱萨马公园成为宗教自由最突出的象征。教堂蓝色的洋葱形圆顶与熠熠生辉的白墙自1904年建成以来一直是这个城市的标志之一。它由沙皇尼古拉二世下令修建,在圣彼得堡完成设计,但事实上,第一批来此进行礼拜活动的信徒是来自希腊和南斯拉夫的东正教徒。随着奥斯曼帝国难民的到来,信徒人数不断增加,但如今,这里信仰东正教的人已经不多了。

巨大的清真寺是近些时候才建起的新地标,它于2000年完工,位于城市北部,与阿根廷国家马球场相距不远。它的名称是"法赫德国王伊斯兰文化中心",最多可容纳2000名朝拜者,是拉丁美洲最大的清真寺。

尽管许多宗教在布宜诺斯艾利斯蓬勃发展,但这里80%至90%的居民都认为自己是天主教徒。牧师莱昂纳多·卡斯泰拉尼在二十世纪五十年代对一名"典型"天主教徒充满失望的形容或许可以概括许多天主教徒对宗教的态度:

> 他到底算不算是一个天主教徒?他在七个月大的时候受洗,已经领过第一份圣餐,在教堂结了婚(他付给牧师50比索,让他引领他走上装扮华丽的祭坛)。死后,他将再次被带到教堂,洒上圣水,接受拉丁语的祝祷。他对宗教几乎一无所知。他想去做弥撒的时候才会去。他的脑袋里装满了报纸、杂志和小说灌输的异教观念和错误想法。他过着极为多变而肤浅的道德生活……他的信仰由暧昧不清的神话组成,与现实生活毫无关联。他算是一个天主教徒吗?如果你想这样称呼他,那是你的自由,但我不会。整个阿根廷民族都在经历相似的情况。总之,这是一个廉价、破旧的国家。

The
biography
of
Buenos Aires

布宜诺斯艾利斯传

消费热潮　第十章

金钱与购物

二十世纪七十年代曾有一小段时间，我在布宜诺斯艾利斯是百万富翁，每小时赚 100 万。当时阿根廷比索飞快地贬值，我的英语课只能按这个价格来收费。通货膨胀过于猖獗，尽管还达不到德国魏玛共和国时期要用手推车装满钞票的程度，但也曾严格规定仅可用现金当面交易，不接受支票，也不能延期付款。有一次我乘坐长途夜巴前往马德普拉塔的度假村，途中司机忽然将车停在一片荒郊野外，要求我们再次支付全价票款，因为燃料价格一夜之间翻了一番，他需要更多的钱来加油。由于比索不断贬值，大家争先恐后地抢兑美元。在佛罗里达大街的隐蔽角落，总能看到衣衫褴褛的男人，有人在不远处帮他们望风，他们将脏兮兮的美钞递给顾客，换回满满几大袋阿根廷比索纸币，几乎不给客人查验美钞真伪的机会。除食品和燃料等日常花销外，其他一切均须用北美货币支付，这让上至最富有的精英，下至最贫穷的佣人，全部陷入歇斯底里的境地。佣人们总是被派去购买日用品，能买多少买多少，以免价格飞涨两三倍。实际上大部分商品的价签都是每天更换的。

1976 年推翻伊莎贝尔·庇隆领导的无能且腐败的政府时，军政府曾承诺使阿根廷的政治生活恢复秩序，而且要让国家的经济重回正轨。

证券交易所（bolsa），众多危机的爆发现场（安东尼奥·加西亚/维基共享资源）

他们在这方面采取的措施虽然没有像对待政治敌人那样残酷，但也极为激进。经济部长阿尔弗雷多·马丁内斯·德奥斯来自布宜诺斯艾利斯最富有的地主家族，可以说是家财万贯。他的第一步治理措施就是将货币币值直接去掉六个零。于是我每小时变得只能挣一比索，再也做不成百万富翁了。但与其他人一样，我对此也无能为力。许多工会领袖"被消失"或遭到监禁，所有企业无论规模大小，财务均受到军事介入者的控制，你根本不可能反抗。停留在街角的男人们就像变魔术一样销声匿迹，货币暂时稳定下来。骗子开始利用新价格与旧钞票之间的换算糊弄外国人或粗心大意的人。这一切都毫无新意，一位资深的学院派历史学家告诉我，过去400年来，布宜诺斯艾利斯的经济一直是这样循环往复。

出口经济

殖民早期，布宜诺斯艾利斯曾努力将自己定位为面向大西洋乃至欧洲的港口，希望成为西班牙帝国疆域内一个经济中心不在本地的不起眼的小港口。从一开始，布宜诺斯艾利斯就是依靠走私，或者说是以管制为经济命脉的。法国、荷兰和英国都迫切希望与不断发展的定居点开展贸易，但受到贸易条例的严格限制。西班牙王室规定一切进出口货物都须向北运至数千公里外的秘鲁卡亚俄总督港，由这里运往巴拿马，再经陆路运往巴拿马地峡大西洋一侧的波托韦洛，然后再出海运至加的斯和塞维利亚的皇家港口。

设法绕过这些限制显然极具诱惑力，因此黑市贸易在十七八世纪十分兴旺，来自波托西的白银、来自阿根廷北部拉普拉塔河上游省份的马黛茶和木材等产品，以及潘帕斯草原的兽皮和动物油脂源源不断地运到布宜诺斯艾利斯，再从这里运往欧洲。驻在这个河口城市的西班牙当局试图对运往秘鲁的货物以及经布宜诺斯艾利斯港出口的货物征收关税，但这部分收入大部分用在了抵御葡萄牙及其他试图控制拉普拉塔地区的外国势力入侵上，未能用于刺激商业发展。正如当时的一封信中（据乔纳森·C.布朗引述）所说，"由于无法获得被他们称为'必需品'的欧洲商品，（布宜诺斯艾利斯的）居民们一直抱怨利马的商人很少经陆路运来货物。当秘鲁运来了欧洲的服装、红酒、油和武器,它们的价格又往往极高,但质量却很差。在西班牙仅售 2.5 比索的呢绒,在布宜诺斯艾利斯要卖 20 比索。另外,市民们纷纷哀叹明明将本国产品直接经海路运到巴西可以带来两倍于成本的回报,但他们却不得不将兽皮和肉干出口到安第斯山脉的另一侧去。"

原本严格的规定逐渐放宽,在引进非洲奴隶方面更是如此。葡萄牙商人将黑奴运到布宜诺斯艾利斯,然后在船上装满不允许从这里运出的面粉、动物油脂和兽皮等货物运回欧洲。葡萄牙人也是最早在这个城市开展贸易活动的商人群体之一,他们用贩卖奴隶获得的利润从欧洲买入商品,在布宜诺斯艾利斯以及阿根廷北部的各大城市非法销售。十八世纪,荷兰、法国和英国的公司纷纷效仿,向这个港口城市及拉普拉塔河下游地区违法出售商品。1776 年,西班牙当局授予拉普拉塔地区更多的自治权,贸易进一步兴旺起来。此时,布宜诺斯艾利斯已是一个人口超过 40000 人的"大村庄",商品市场不断扩大,新兴的商人阶层开始在这个城市崛起。对于十九世纪初这里的商人阶级,乔纳森·C. 布朗是这样描述的:"进出口批发商约有 178 人,他们经营着港口的一切贸易活动,控制着大部分资本,并负责安排向内陆市场运输货物……他们还投资开展辅助性的经济活动,如零售、海运和河运、腌肉厂等,但很少投资农村土地。"布朗还估计,当时布宜诺斯艾利斯大约有 600 名服装及其他进口商品的零售商,杂货店的数量更多,从进口烈酒,到蜡烛和盐等日用消费品,一切商品应有尽有。

这些商人无疑是布宜诺斯艾利斯最迫切希望消除西班牙对本地经济残存限制的人,因为一旦这些限制取消,布宜诺斯艾利斯就可以与全世界,尤其是新兴的工业强国英国开展自由贸易了。获得独立后,新一代本地富商确实开始购买土地，创办大型农业企业，其产品在英国拥有现成的市场。与此同时，来自欧洲的机器制品也逐渐被较富裕居民视为"必需品"，而用来购买工具和机器，促进刚刚起步的本地工业发展的资金则来自在伦敦证券交易所募集的资金。

市场与商店

这时的商业活动仍然以小型店铺为主，其中大部分集中在老市中心五月广场上的雷克瓦市场，佛罗里达大街及附近几条街上也有一些名店。1880年布宜诺斯艾利斯成为共和国的联邦首都后，马尔塞洛·托尔夸托·德·阿尔维亚尔市长着手整治这个城市。他推行的城市现代化计划包括建设更加卫生的室内市场，售卖肉类、水果、蔬菜等生鲜产品。为了符合当代品位，这些市场都以欧洲，也就是巴黎或西班牙大城市市场的设计为蓝本。宽敞且设施规划完善的市场取代了殖民时期古老破败的小摊小店。这些市场和肉铺、水果摊、面包坊等路边小店至今仍然是布宜诺斯艾利斯日常购物的主要场所。几个世纪以来，一直走街串巷沿途叫卖的游商小贩越来越少见，移居加拿大的阿根廷作家阿尔维托·曼古埃尔曾充满留恋地追忆二十世纪六十年代他孩提时在贝尔格拉诺区遇到的那些小商贩：

一大早就能听到马车咔嗒咔嗒经过我家门外的鹅卵石小路，卖苏打水的小贩送来了好几个木箱，每个箱子里装着六个绿色或蓝色的虹吸瓶，厨师将它们存放在洗衣房里。收废品的人推着手推车收购旧衣服，磨刀匠用一个奇巧的带轮装置拖着他的磨刀石，吹着口琴宣布他的到来。街角的那家药店总是飘出桉树油的味道。向另一个方向走有一家文具店，店里出售的笔记本和钢笔都非常棒。

在市中心，另一种欧洲舶来品使布宜诺斯艾利斯人的购物方式发生了天翻地覆的变化。1883年，一个名叫阿尔弗雷德·迦特的英国人与西班牙人洛伦佐·查维斯共同开设了这里的第一家百货商场，最初主要销售英国进口的男装，但很快便引领时尚，增设了女装部。到1901年，迦特查维斯百货已发展到独占佛罗里达大街拐角处的一栋四层大楼，布宜诺斯艾利斯上流社会人士趋之若鹜，从西装和连衣裙，到香水、玩具和三角钢琴，这里可以买到所有的进口商品。商场还拥有一个家具制造厂、一个高雅的咖啡厅和美食餐厅。1914年，法国建筑师弗勒里·特龙古瓦又为这家商场设计了一座全新的"美好年代"风格的七层大楼，成为二十世纪初布宜诺斯艾利斯的一大建筑地标。全盛时期的迦特查维斯百货在秘鲁圣地亚哥和阿根廷19个城市都有分店。不过，商场老板未能及时跟上现代购物的潮流趋势，集团于1974年关张。位于佛罗里达大街与坎加约大街交叉口的总店变成了一家银行。

迦特和查维斯还帮助哈罗兹百货公司在布宜诺斯艾利斯建起了一座更具代表性的地标建筑，也坐落在佛罗里达大街上。这家哈罗兹百货是这个伦敦著名企业唯一的海外分店。这个项目同样获得了巨大的成功，到1920年，商场几乎占据整整一个街区，"八层楼高的穹顶可以俯瞰科尔多瓦大道，整座建筑均采用大理石台阶和松木地板，熟铁打造的电梯可搭载20人，此外还提供洗衣服务，并拥有一支爵士交响乐队"。不过，与迦特查维斯百货一样，布宜诺斯艾利斯的哈罗兹百货也在动荡的二十世纪七八十年代陷入困境。伦敦的公司被穆罕默德·阿-法耶德收购，随后发生了关于布宜诺斯艾利斯的哈罗兹百货是否有权使用哈罗兹品牌名称的法律纠纷，持续了很长时间。布宜诺斯艾利斯的哈罗兹百货于1999年年底关张，不久之后就是2001年的经济危机。哈罗兹百货所在的那栋大楼目前归一家瑞士的风险投资公司所有，他们于近期宣布，有计划让这家商场重焕往日荣光。

末日狂欢

2001年的经济危机标志着"甜银"十年的终结（在最早的西班牙探险家眼中，拉普拉塔河水就像金钱一样甜）。正如娜奥米·克莱恩在伦敦《卫报》发表的文章中所写，"布宜诺斯艾利斯在二十世纪九十年代经历的对职业发展与消费主义的狂热追求会让纽约和伦敦最极端的购物狂和工作狂都自惭形秽。政府数据显示，1993—1998年，家庭总支出增长了420亿比索，用于购买进口商品的支出五年间翻了一番，从1993年的150亿比索增至1998年的300亿比索。比索汇率高企，于是布宜诺斯艾利斯的中产阶级不仅成为招摇的消费大户，而且还前往欧洲、迈阿密和南非，将尽可能多的阿根廷货币兑换成美元，存入二十世纪最后几年在布宜诺斯艾利斯大量涌现的外资银行。"这样存钱的布宜诺斯艾利斯人都有过惨痛的教训，他们知道好景不会太长。1999年年底，激进党人费尔南多·德拉鲁阿当选总统，他面对的是前十年留下的一个烂摊子。公共和私人支出数额巨大，贪污腐败，政府赤字严重。然而，他并没有力挽狂澜的良策。到2001年年中，阿根廷经济再次崩溃。德拉鲁阿重新任命梅内姆的亲信多明戈·卡瓦洛为经济部长，但他所剩无几的威信已荡然无存。所有人都想尽办法让美元资产逃出阿根廷，包括许多外国投资者。事实证明，这十分明智。2001年12月，卡瓦洛开始对个人银行账户的取款额度实行严格限制，并下令禁止提取美元。这项名为"小畜栏"（源于对牛进行围捕并关入牛栏的行为）的举措很快激起民愤，人们纷纷涌上布宜诺斯艾利斯街头，市中心的外资银行受到攻击，商店和超市被抢，道路被抗议者挤得水泄不通。到2002年，阿根廷国内生产总值比四年前约下降了20%，失业率增至原来的三倍多，失业人数达到工人总数的四分之一。

经济崩溃的影响在首都街头随处可见。巴勒莫和巴瑞诺特等时尚街区的角落里第一次出现了乞丐。施粥摊和食物赈济点到处都是，前文提到过的拾荒现象也出现了。阿根廷一直主张自己不应被当作拉丁美洲的一个特例，而此时，它确实与其他拉美国家很像了，而相似点都在最糟糕的方面——贫困、失业乃至饥荒都出现在了这个曾是全世界最富庶的地方。

市中心频发的暴力事件使佛罗里达大街作为时尚圣地的声誉一落千丈。商店被售卖廉价皮具和旅游纪念品的小店取代，明智的布宜诺斯艾利斯消费者转向迅速建成的新型购物中心。一些新购物中心是由旧建筑改造而成的，如雷蒂罗的布尔里奇购物中心就是十九世纪布尔里奇家族的拍卖行改建的，当时，从牲畜到传家宝，这家拍卖行的拍品不一而足。该建筑在二十世纪八十年代全面翻新，成为最早的新型购物中心，有国际时装店、快餐店、餐厅、电影院和咖啡厅等多种娱乐设施。其他改造项目还包括太平洋百货（位于佛罗里达大街）以及老阿巴斯托果蔬市场全面翻新后建起的布宜诺斯艾利斯最大的购物中心，共有230个店铺和摊位。

布宜诺斯艾利斯一直是贸易之城。有时仿佛整个城市的人都在忙于买卖，从卡亚俄大道和阿尔维亚尔大道最时髦的精品店，到近年来由韩国移民经营的街边小店，无一例外。这里有大型购物中心，有像恩斯区那样小店林立，经营与服装贸易相关的一切产品的街区，也有周末在公园和广场举办的集市，从嬉皮饰品和皮具，到小古董和为数不多的真品古玩，应有尽有。布宜诺斯艾利斯人已经从阿根廷漫长而曲折的经济轨迹中学会时刻对物美价廉的商品保持敏感，他们深深懂得，宁可今天把钱花光，也别留给未知的明天。

The
biography
of
Buenos Aires

布宜诺斯艾利斯 传

第十一章
阴暗面

犯罪，恶行与恐怖

布宜诺斯艾利斯既是一个港口城市，也是暴力冲突的前线，因此，从一开始，混乱与犯罪就是这里的居民要面对的首要问题。周边农村及城市边缘地带紧邻大草原的城乡接合部最初被视为对法律与秩序的最大威胁。这里有很多低等小酒吧、简陋的妓院，还有早期演出探戈的歌舞厅。理查德·斯拉塔与卡拉·罗宾逊曾做出这样的描述："这些狭小简陋的商铺出售各种各样的杂货、食品和酒类，顾客主要是帮主人外出采买的奴隶和下层社会平民。赌徒们在店里随时供应的廉价烈酒的刺激下，时常拔刀决斗，死伤是常有的事。他们常用的武器是一种有些像剑的长刀，名为'法克恩斯'。"据十九世纪的苏格兰旅行家观察："杂货店门口的十字架简直数不胜数。"

这些犯罪分子被称为"边缘人"，是他们将高乔人和土著部落"未开化"的习俗传入不断发展的城市。豪尔赫·路易斯·博尔赫斯等后来的作家将这些城市硬汉的暴力行为浪漫化，描写成渴望战斗，为荣誉而挥刀，但在十九世纪早期，他们通常只会引发疑虑和恐惧。为了应对这些问题，布宜诺斯艾利斯在1827年成立了首支市政警队。到1837年，警力已增至约60名骑警和45名巡警，主要负责处理这些游民的犯罪和

五月金字塔挂满二十世纪七八十年代军事专政时期"被失踪"受害者的照片（WikiLaurent/ 维基共享资源）

维持公共秩序。

十九世纪最后30年，大批欧洲移民流入，犯罪活动的重心也发生了变化。对公共秩序的最大威胁已不是潘帕斯草原来的危险分子对城市的侵扰，而是新移民中的犯罪分子，特别是在新移民中占很大比重的年轻单身汉。布宜诺斯艾利斯人很快形成了一种普遍认识——暴力犯罪分子大部分是来自意大利和西班牙等南欧地区的移民。阿根廷一位犯罪学家在1909年写道："来自各国，特别是西班牙和意大利的罪犯中，有50%以上是堕落的酒鬼，此外还有相当一部分是习惯性酗酒者。"然而，近期对警方记录的分析显示，从比例上讲，惹麻烦最多的其实是英国人（大批短期停留的海员显然是重要原因）和来自邻国乌拉圭的劳工。其他分析还揭示出布宜诺斯艾利斯警方面临的另一项危险：在1884—1914的30年间，多达50名警察在出于政治原因的袭击中丧生。

随着布宜诺斯艾利斯进一步发展并走向现代化，第一座国家监狱在1877年诞生。本地建筑师埃内斯托·邦吉在监狱设计竞赛中获胜。他参照伦敦潘顿维尔监狱率先采用的"全景展示"型结构，把这处监狱设计成了带有五个侧翼的半圆形结构（监狱看守可以看到每个牢房，但囚犯除劳动时间外都被完全隔离开，且须遵照规定保持绝对安静）。监狱建在了布宜诺斯艾利斯北部上流阶层聚集的拉斯赫拉斯大道旁，一经建成便成为一处地标。人们认为它代表着对囚犯的人道待遇，是进步的象征。犯人从马约尔广场中央市政厅内的旧监狱移送过来，关押在这个"开明"新机构的704间牢房中。但并非每个人都视孤立和安静为进步。何塞·埃尔南德斯在刻画高乔生活的伟大史诗《马丁·菲耶罗》的第二部分中，曾让被关押的高乔人发出这样的哀叹：这里令你备受折磨的／不是枷锁与铁链／而是孤寂／似乎全世界／只有你一个人。

新监狱所在的位置最初是一片空地上，但随着城市不断扩张，它在二十世纪逐渐被公寓楼包围，最终于二十世纪六十年代初拆除，成为市中心为数不多的一片开阔绿地。（近期数据显示布宜诺斯艾利斯的人均绿地面积仅为1.77平方米，纽约为20平方米）。

无论国家监狱的管理制度有多严格，这里的条件都比普通监狱或警署的拘留审讯室要好得多。与其他许多拉美国家一样，在这里，被控有罪等待审判的囚犯与已被宣判有罪开始服刑的囚犯不加区分。本地犯罪学家指出，在整个二十世纪，监狱和拘留所关押的犯人中有超过一半至少在严格的法律意义上是无罪的。尽管人口迅速增长,但政府在监狱方面的预算一直维持极低水平,任何对制度和条件的现代化尝试都会遭到质疑,在漫长的军事统治时期更是如此。阿根廷法律规定诉讼必须以书面形式提交,这种程序本身就很缓慢,而司法部门又普遍贪污腐败和政治化,这些都使囚犯问题更加严重。

"白奴交易"

绝大部分来自欧洲的新移民都是年轻男子,因此布宜诺斯艾利斯居民的男女比例越来越悬殊。据阿根廷社会学家埃内斯托·哥达的计算,1914年布宜诺斯艾利斯人口中有60%的男性在国外出生,在16岁到60岁的人群中,男性约比女性多60万人。这些背井离乡的男人经常找妓女满足他们的性(通常也涉及情感)需求。

在十九世纪以前,这个城市显然也存在卖淫和犯罪活动,但基本只局限在南部的棚户区和查克拉区域,潘帕斯草原上的人们会赶着牲畜来到这里。第一部关于卖淫的城市条例于1875年颁布,承认妓院合法并开始向其征税。正如唐娜·J.盖伊在《布宜诺斯艾利斯的性与危害》中所说,该条例的初衷更多是保护社会公共秩序,避免已知的威胁,而非保障性交易中女性的福祉。她写道:"在十九世纪末的布宜诺斯艾利斯,女性极易失踪,这个城市因此在国际上声名狼藉。遭到绑架的欧洲姑娘被迫出卖肉体,跳起探戈。"这类白奴交易不时在欧洲引发愤慨。1899年一名记者给英国国家警戒大会写信说:

在欧洲有上百名可怜的父母不知道他们的女儿是死是活，这些女孩儿突然人间蒸发了……我们知道她们被带去了哪里，发生了什么。她们在布宜诺斯艾利斯或里约热内卢……这项交易利润丰厚，因为南美的男人生性好色，来自欧洲的"金发碧眼的商品"很容易找到买家。如果有人想知道这些姑娘有着怎样的遭遇，可以沿着胡安大街或拉瓦列大街随便逛逛，这两条街被人们称为"血泪之路"。

唐娜·盖伊在书中对这类关于"白奴交易"的假设提出了质疑，她说这些女性通常并不像人们形容得那样被动。但毫无疑问，在世纪之交的布宜诺斯艾利斯，大部分妓女都是在国外出生的（1903年的统计显示，这一比例约为65%），大部分是来自东欧的犹太人。布宜诺斯艾利斯的犹太皮条客会前往犹太村寻找那些将女孩视为负担的贫穷家庭。他们承诺会将女孩儿嫁到大洋彼岸，让她过上新的生活，随后就付一点儿小钱把她们买走，随便嫁给一个年轻人。之后，他们会把这些女孩带上船，在大西洋上经历漫长的航程，来到乌拉圭的蒙得维的亚，再经陆路或海路进入阿根廷，最终到达布宜诺斯艾利斯。进入这个城市后，女孩立刻被拍卖。位于阿尔维亚尔大道和毕林赫斯特大道交叉口的巴黎咖啡馆曾因举行这种拍卖活动而臭名远扬。前警督胡里奥·阿尔索加瑞曾在1932年描述过这类将女孩赤裸示众的拍卖会：

大幕刚一揭开，竞价就开始了。形形色色的男女在令人恶心的贪欲驱使下扑向那可怜的受害者。他们会捏一捏看女孩儿身上的肉是否紧实，对她的身体、乳房，特别是牙齿和头发指手画脚。

出价最高的人会获得这件"商品",但他必须立刻以英镑支付。之后,女孩就会被带去妓院……买主通常会携妻子前来,她们也怀着同样的热切对受害者评头论足。价钱很少超过45英镑,除非女孩条件极其优越。这类拍卖会通常在女孩抵达两三天后举办,每个月会举办三四次。

这类交易大多由阿根廷犹太人控制。1906年,他们组成了所谓的"华沙互助协会",以便掩盖他们的行为。这一组织之后分裂为"阿斯奎纳苏姆"和"兹维米格达尔"。据警方统计,到二十世纪二十年代,后者已有5000名成员,控制着2000家妓院和大约30000名妓女。该组织成员打扮成拉比的模样,在科尔多瓦大街上的一座冒牌犹太教堂里会面。这种浮夸的皮条客形象很快广为流传,作家曼努埃尔·加尔韦斯1905年这样形容一位皮条客:"这位皮条客酷爱卖弄。他打扮得极为华贵,走妓院风路线,身上每一件东西都是为了炫耀,但都庸俗不堪。他的左手戴着巨大的戒指,手杖顶部镶有黄金。嫣红的领结与红袜子相配;丝质的手帕过大,看起来很怪。"用来表示皮条客的词语非常之多,这也印证了他们对大众想象力的影响:除caftén(也许是源于东欧犹太教徒身着的长袍)以外,还有rufián、macro、lenon、cafishio、alcahuete、chulo、heweman、sicotaro、marlú、cafiolo、soutener,等等。

在外国妓女中最受推崇的是法国女性,或自称来自法国的女性。一位作家透露,操纵着布宜诺斯艾利斯大量法国妓女的皮条客通常在市中心一家法文书店的密室中会面,密室外是书店展示天主教等宗教书籍的房间。《布宜诺斯艾利斯之路》就取材于此,讲述了年轻法国女性被强行掳至遥远的南方,沦为妓女,受尽剥削的故事,作者是调查记者阿尔伯特·郎德（1884—1932）。郎德沿着二十世纪二十年代晚期法国少女被诱拐后从马赛港到拉普拉塔河沿岸的路线，尽量规避肤浅的说教，以纪实性口吻讲述了这些妓女抵达阿根廷首都后的生活。和很多巴黎人一样，他对网格状的街道感到失望，宣称"走在布宜诺斯艾利斯的街道上就好像在用脚下国际象棋。你会觉得自己像一枚棋子，从棋盘上的一个方格被推到另一个方格"。与此同时，他对布宜诺斯艾利斯人热衷炫耀的态度也不以为然："只要阿根廷人有胆量，他们会背着电灯泡来回转悠。"

最吸引郎德的是布宜诺斯艾利斯的阴暗面。他来到博卡区，这里在二十世纪二十年代曾是妓院、色情电影院和鸦片馆的聚集地。他在一家妓院加入了等候行列，男客与妓女（她们通常每天要"接待"多达75名男性）的压抑和沮丧让他深深震惊。他继续深入调查，揭示了那些发起反抗，生病或老去的妓女的去向。他的结论是：面对这种可怕的境况，"我们都难辞其咎"。

到1930年，越来越多的人开始呼吁遏制这种丑恶的交易。犹太人组织对于族人经营如此肮脏的业务感到非常震惊。"兹维米格达尔"被前警察局长胡里奥·阿尔索加瑞告发，在1930年关闭，上百名成员被判长期徒刑。但犹太皮条客提起上诉，司法部的官员收受贿赂后将他们悉数释放。这种明目张胆的司法不公激起了民众的强烈不满，当局迫于压力改变决定，将许多"兹维米格达尔"成员重新收监，不过后来，几乎所有人都要么逃跑，要么在接下来几年内陆续获释，跑到了乌拉圭或巴西继续他们的营生。

同样，第一次尝试将卖淫定为非法活动的努力也失败了，原因在于许多腐败的政客和法官本身就是嫖客本人，或从卖淫嫖娼活动中获得大笔贿赂中饱私囊。但1935年12月通过的12331号法案使全国各地的妓院陆续关闭（不过军政府在1944年上台后便放宽了对驻军城镇的限制）。二十世纪四十年代晚期，军官出身的庇隆上校成为备受爱戴的阿根廷领袖，他在1954年废除了这个法案。新法规允许"设立《社会预防法》中提到的机构"。这被视为对天主教会宣扬的道德观念的攻击，也成为阿根廷社会右翼集团和军队在1955年联合发动政变推翻庇隆政府的导火索之一。

道德的十字军

布宜诺斯艾利斯无法容忍的另一种行为是同性恋。同性恋群体及其活动经常遭到打压。第一个因被视为"不男不女"而孤立提出起诉的人是一个英国人。1771年，在布宜诺斯艾利斯专营奴隶进口业务的南海公司的董事威廉·希金斯起诉一名银匠，原因是此人对他喊出了"不男不女"之类的侮辱性话语。到十九世纪八十年代，城中马志尼广场以及我们多次提及的博卡区等地已成为众所周知的"同志"街区，有一些知名的同性恋聚会场所。到世纪之交，几名异装癖者因犯罪行为而声名远播。最著名的一位是绰号"波旁公主"的路易斯·费尔南德斯。他最大胆的计划是宣称自己是巴拉圭战争（1864—1870）死者的遗孀，并伪造罗克·萨恩斯·培尼亚总统的签名，向国会申请抚恤金。另一位名叫贝拉·奥特罗，也叫卡尔皮诺·阿尔瓦雷斯，他/她总是扮成女装出没于富人家中，怂恿他们为上流社会的慈善机构捐款。卡尔皮诺还去应聘富人家的女佣，工作几天后便开始行窃。这个颇具传奇色彩的家伙还假扮吉卜赛算命师并大获成功，他还在1903年出版了一部同性恋主题的诗集。

就像打击卖淫嫖娼一样，军政府于1930年掌权后开始逐渐加大镇压首都同性恋活动的力度，来自罗马天主教会的打击力度更大。最著名的一次丑闻是30多名候补军官被指控成立"秘密教派"，意在腐蚀阿根廷"最负盛名的机构"中的年轻人。这引发了警方对同性恋群体的大规模围捕。其中一名候补军官被判12年有期徒刑，另一位被判参与这类同性恋"狂欢"的知名建筑师在获释后自杀。1943年军事政变的领袖们坚称自己是净化阿根廷的"道德十字军"，这起丑闻也是他们重要的托词之一。

1944年，一篇伪科学论述出现在畅销书《大家的弗洛伊德》系列中。在以性堕落为主题的第五卷中，戈麦斯·涅里亚医生写下了这样一段攻击阿根廷同性恋者的话：

> 在这里，有这个问题的人比例之高，令人惊恐。众所周知，在布宜诺斯艾利斯的文学艺术界，同性恋的比例极高。演员、诗人、杰出政治家和地方法官都有此恶习。尽管他们恶名昭彰，为千夫所指，但我们也无法把他们怎样，因为阿根廷的法律也受到了欧洲主导的放荡主义潮流的影响。

戈麦斯·涅里亚还宣称布宜诺斯艾利斯警方记录在案的同性恋者已有20000人，他们的名字应当公布于众，让大家可以"像躲避麻风病人一样躲避他们"。接下来，这位医生还用好几页的篇幅议论犹太人，认为他们应当灭绝，并以名副其实的纳粹口吻将同性恋者也牵扯其中：

"这是出于对文明必要的捍卫，应长期坚持，通过大屠杀、大清洗或现代绝育手段，让犹太人从这个世界上消失，同性恋者也应当一并消失。"

阿根廷社会学家胡安·何塞·塞夫雷利曾深入洞察同性恋者在布宜诺斯艾利斯所遭受的迫害，揭露了每一届军政府以公共道德的名义开展的反同性恋行动。塞夫雷利甚至指出，1946—1954年当政的第一届庇隆政府在这方面耍了两面派。在庇隆寻求天主教会支持的那几年，同性恋者一直被视为对家庭与繁衍的威胁而遭受迫害。但在1954年圣诞节，当天主教会倒戈反对庇隆，大规模围捕同性恋者的理由却发生了令人匪夷所思的转变：因为他们被宗教观念腐蚀了。

从二十世纪五十年代末到六十年代中期，人们在这方面的态度稍有缓和。塞夫雷利曾回忆港口区位于科隆大街和圣胡安大街交叉口一家咖啡馆一层的安科尔旅馆，那里的沙龙"亮着红灯，有许多镜子，挂着伊丽莎白女王和爱丁堡公爵的肖像，还有一台钢琴供客人演奏。最出名的酒吧侍者是一位昵称'克丽奥帕特拉'的同性恋者。在二十世纪七十年代以前，这是唯一允许男人与男人贴面共舞的地方。"

军方势力接管政府后，新的问题再次出现。二十世纪六十年代中期，一场反对在户外公开进行性行为的运动滚滚而来，异性夫妻因在公开场合接吻而遭逮捕，汽车旅馆作为未婚情侣唯一可以做爱的地方而频繁遭到警方的搜查。被定性为具有色情内容的电影、书籍和杂志均遭取缔。胡安·卡洛斯·翁加尼亚将军于1966年掌权后，这场运动达到高潮。"仅剩的几个公开的同性恋俱乐部都关闭了。同性恋聚会场所被捣毁，一些电影院的卫生间被封。两次重大行动来势汹汹。其一发生在地铁里。在高峰时段，所有地铁站的出口同时被封锁，在站台上盘桓或在车站厕所逗留的数千人全部被当作嫌疑人逮捕。另一次行动也发生在同一时段，科连特斯大街上有同性恋聚会的三家老牌电影院被搜查。"

阿根廷作家埃德加多·科萨林斯基也记述过二十世纪五十年代市中心那些有同性恋者和妓女暗中活动的电影院。在以布宜诺斯艾利斯的电影院为主题的《人民的宫殿》中，他列举了市中心各电影院最著名的"看点"，包括来自罗萨里奥的大块头"奇诺"，他在公主电影院"公开展示他的天赋异禀，诱惑那些想要玩乐的不够谨慎和克制的客户。在接触的一瞬间，他会用大手一把攥住老男人瘦弱的手臂，威胁要告发他们在公共场合'不道德''堕落'或'耍流氓'，强迫他们交出钱包。这些都是新闻用语，而非法律术语，但在那段将性压抑制度化的岁月，这已足够引起恐慌。"

二十世纪七十年代的政治暴力导致性少数群体的处境越发艰难。甚至在1976年军事政变之前，某右翼庇隆主义杂志就刊发了一篇题为《摆脱同性恋》的文章，作者坚称同性恋者应该"被当街剃头，绑在树上，脖子上挂上教育性的大牌子。我们不要同性恋……马克思主义一直将同性恋作为渗透的手段（原文如此）及其对象的同盟。"

颠覆性的马克思主义与破坏性的性行为之间这种假定的联系在曼努埃尔·普伊格1976年的小说《蜘蛛女之吻》中得到了淋漓尽致的呈现，因"腐蚀未成年人"而被拘捕的路易斯·莫利纳与政治犯瓦伦第关在同一间牢房。该书因包含对同性恋直白的探讨而无法在阿根廷出版，但却成为佛朗哥死后西班牙出版的第一部西语作品。

在1976—1983年的最近一次军政府专政时期，针对男女性同性恋者的镇压活动再次展开，"咱们的世界"和"萨福"等第一批公开的同性恋组织被查封。同性恋仍被视为一种疾病，属于西方国家"自由道德沦丧"的一部分。1982年加尔铁里发动战争试图夺回马尔维纳斯群岛/

福克兰群岛时，布宜诺斯艾利斯各大报纸都频繁渲染英国军队是如何腐化堕落，认为他们缺乏阿根廷男人那样的男子气概，根本不是对手。

民主政府重新掌权后，阿根廷在承认同性恋权利方面取得了显著的进展。阿根廷同性恋委员会在二十世纪九十年代初获得法律认可。同性伴侣的权益也逐渐得到承认。作家和剧作家开始在作品中公开探讨同性恋主题。2010年7月，阿根廷宣布同性婚姻合法，这堪称一个巨大的转折点。但颇具阿根廷特色的情况发生了。布宜诺斯艾利斯对这一决议提起上诉，第一对男同性伴侣不得不南下数千公里，到火地岛去庆祝他们的婚礼。近年来，阿根廷首都已成为国外同性恋游客的旅游胜地，但民众对不具备典型雄性气概的男人仍然嗤之以鼻。

军事恐怖

二十世纪七十年代至八十年代初，布宜诺斯艾利斯街头一直充满恐怖气氛，先是政治动乱，后是专制的军政府从1976年3月开始实施严酷的镇压行动。在军队介入前，轰炸和枪战是首都随时随地会发生的危险，绑架事件越来越频繁。一方面，左翼组织绑架商人，勒索赎金；另一方面，右翼组织也出于各种政治目的实施绑架。或许最令人匪夷所思的是对前军事独裁者阿兰布鲁将军的遗骸实施的绑架。1970年，左翼庇隆主义游击队采取"人民正义"行动，绑架并处决了这位将军。1974年，游击队将他的尸骸从阿根廷上层社会的传统墓地雷科莱塔公墓偷走，声称除非艾娃·庇隆经过防腐处理的尸身被运回阿根廷妥善安葬，否则不会归还这位将军的尸首。之后的几周里，油罐车载着这位将军的尸体一直在布宜诺斯艾利斯城里来回转悠，直至艾薇塔——那具"著名的木乃伊"——从西班牙归来，安葬在同样位于雷科莱塔公墓的杜阿尔特家族墓穴中（这里至今仍是阿根廷国内外游客的主要景点之一）。

1976年以后，布宜诺斯艾利斯的普通民众感受到了更加明显的恐怖气氛。白天，军用卡车在街上呼啸而过，士兵们将整个街区或整座楼封锁起来，冲入其中。路人、公交车乘客和私家车司机都已学会对此熟视无睹，既不做评论，也不问问题。最悲哀，也是最常听到的一句话是"肯定是有原因的"。首都所有警察局的外面都围起一圈沙袋，警察和军人在里面架起武器，随时准备行动。到了晚上，恐怖气氛更加深重。电影院、剧院、咖啡馆和餐厅时常空无一人，因为如果无法向安全机构提供可以让自己全身而退的身份证明，人们就会遭到拘捕，从此不见踪影。入夜后，特遣部队开始行动。每组8—10人，或者更多，大部分是正在服兵役的年轻人，由一至两名军官带领。他们就是让人们"失踪"的特工。他们将人掳至秘密拘留中心，百般折磨，逼迫他们透露同事的名字或游击队的行动计划，再以最残忍的方式将他们杀害。安全机构从未承认他们抓捕过任何人，那些人的家人无法向任何人寻求帮助。警察和军队狼狈为奸，司法机构不是遭到恐吓，就是赞同这种行为，政治家被赶出国会，甚至已遭到监禁，教会，尤其是罗马天主教会的统治集团，通常都是军事专政的靠山，一直视左翼游击队为对神不敬的邪恶分子，国外大使馆对本国的公民爱莫能助。1976—1983年，阿根廷上演了本国的"最终解决"：为了让社会摆脱军事领袖口中的"破坏癌"，他们决定不再逮捕和审讯犯罪嫌疑人（大部分是年轻人），而是直接消灭他们。数百名受害者被埋葬在位于布宜诺斯艾利斯郊区的集体墓穴；更多人被带上飞机，抛入拉普拉塔河浑浊的棕色水流中。

万幸的是，随着平民政权于1984年重新掌权，这段阿根廷首都近代史上最黑暗的时期终于宣告结束，尽管那段岁月留下的伤疤至今仍清晰可见。位于努涅斯区解放者大道上的海军机械学院是最让人惨不忍睹的一处秘密拘留中心，人权组织称约有5000人在此受刑。这里最初被改为军校，但市政府抗议称这是明目张胆地试图假装那些可怕的行径从未发生过。最终，在2004年，这里被布宜诺斯艾利斯政府接管，现已成为人权促进纪念馆。其他行刑中心，如与胡安·德·加雷1580年登陆地点相距不远的竞技俱乐部，如今仅剩残垣断壁。

劳尔·阿方辛总统执政期间曾鼓励公民告发涉嫌侵犯人权的罪行——但接收检举的机构是当地警察局，他们多半不是参与过犯罪，就是对专政时期的骇人行径视而不见。那些被警察局或其他安全机构解雇的人有时会继续从事暴力活动，在毫无政治借口的情况下实施绑架或抢劫。布宜诺斯艾利斯的暴力犯罪率急剧飙升。幸运的是，尽管在较短时间内发生了反对阿方辛总统的军事暴动，但自1984年起，布宜诺斯艾利斯再未发生过激烈的国内政治斗争。但在九十年代卡洛斯·梅内姆总统当政时期，布宜诺斯艾利斯街头却再次发生了两起致人死亡的暴力事件，起因是发生在别处，与本市并无直接关联的一些冲突事件。1992年，位于市中心绥帕查街和阿罗约街上的以色列大使馆遭遇自杀式炸弹袭击，一辆轻型卡车被炸毁，建筑物几乎完全被毁，29人在这次事件中丧生，包括住在马路对面方济各会修女管理的民宅中的几名老人。

两年后的1994年7月，又一次汽车炸弹袭击发生在犹太互助协会。爆炸发生在传统的犹太人服装业街区恩斯区拥挤的街道上，造成80多人丧生，数百人受伤。没有任何人因这两起袭击事件而被绳之以法，但犹太团体和记者都坚称这两次袭击事件是伊朗指使真主党发动的。更令人不安的是，人们普遍指控梅内姆政府收受巨额贿赂，允许制造这两起暴行的恐怖分子进出阿根廷，但没有确凿的证据。

说来奇怪，近年来市内最混乱的地区再次转向了城市边缘地带，即联邦首都与布宜诺斯艾利斯省交界的地区。城市北部和西部富人聚集的郊区与家徒四壁的贫民窟比邻而建。与150多年前的情况相似，这些新移民也成为最大的怀疑对象。在十九世纪，西班牙人和意大利人曾被视为对阿根廷首都体面、"文明"生活的威胁。现在则变成了数千离开贫穷祖国前来寻求工作机会的玻利维亚人和巴拉圭人，他们成为肮脏、破坏和犯罪的代名词。

The
biography
of
Buenos Aires

布宜诺斯艾利斯传

第十二章 周边地区

马德普拉塔：大众旅游（莱安德罗·基比兹/维基共享资源）

城市外围的内陆腹地

如今，人们如果从欧洲或美国出发，乘飞机前往布宜诺斯艾利斯，他们只能非常模糊地感受到这个城市对于早期的探险家和定居者而言是多么偏远。即便如此，在蓝色的大西洋和巴西广袤的森林上空飞行几小时之后，先是看到拉普拉塔河泥泞的棕色河水，继而飞跃碧绿平坦的潘帕斯草原，然后突然看到成片的摩天大楼拔地而起，人们仍然会震惊得瞠目结舌。从三万英尺的高空看去，阿根廷首都的出现不只是令人意外，更像是一个错误，这似乎是一个与世隔绝的地方。阿根廷当代作家马丁·科恩确实曾在短篇小说《错误》中写下这样的话语：

> 布宜诺斯艾利斯的存在几乎是一个错误。它甚至就建立在错误的边缘。因为第一批进入这条河的航海家在寻觅新大陆的过程中以为他们进入了一片海。这条大河宽阔浩瀚，尽管水不是咸的，他们仍然以为是海，为它取名"马尔杜尔塞"，是"蜜海"的意思。但他们错了。后来他们终于接受了这片宽阔得不可思议的水域只是一条河的事实，并为它起名拉普拉塔河，意为白银流淌之河，希望它能带来财富。然而它没有，所以他们又错了。他们还

错在选择了逆流而上，以为这条河除了能带来白银以外，还能提供地理上财富，成为连通两个大洋的水上通道，但显然，他们没有成功，所以又过了好几年，才找到绕过大陆最南端的贸易通路，再后来，才有了将巴拿马一分为二的那条捷径。

与此相似，九十年代，卡洛斯·梅内姆政府的外交部部长曾坚称，鉴于阿根廷作为移民国家的历史，它本应属于欧洲国家，只不过意外出现在距离其他欧洲国家几千公里以外的地方。因此，他一直指示阿根廷驻联合国代表团跟随欧洲"伙伴"一起投票，而未与其他拉丁美洲国家采取相同的立场（当然关于马尔维纳斯群岛/福克兰群岛主权问题的投票除外）。

几个世纪以来，布宜诺斯艾利斯南部和西部的路上边界地区一直受到潘帕斯草原土著部落的侵扰，拉普拉塔河上也发生过多场战役。在殖民时期，阿根廷曾与来自巴西的葡萄牙人争夺水域控制权，也曾在荷兰、法国和英国蜂拥争夺河口贸易主导权时，击退他们的远征军。英国人也参与了这里发生的最近一次大型海战，那是"二战"期间的事。1939年12月，三艘英国巡洋舰在河口追捕所向披靡的"斯佩伯爵海军上将"号战列舰。由于在前几天的战斗中严重受损，这艘德国重型巡洋舰只得前往中立港口蒙得维的亚寻求庇护，后来为了避免被俘，该舰不得不离开港口，最后被迫自沉。拉普拉塔河战役是英国在战争初期急需的一场胜利。德国舰长和上千名船员横穿河口，来到布宜诺斯艾利斯，舰长开枪自杀。一些德国幸存者留在了阿根廷，在科尔多瓦、圣达菲和布宜诺斯艾利斯省已有的德国人社区定居生活。

岛屿与三角洲

许多来到阿根廷的德国船员在分道扬镳之前都曾被关押在马丁加西亚岛上，这是首都西北部河口处最大的一个岛，马丁·加西亚是1580年胡安·德·索利斯船队顺流而下建立布宜诺斯艾利斯时一名埋葬在这里的船员的名字。在接下来的几个世纪里，各方势力频繁争夺这个岛的控制权，试图控制河口的航运。1845年，这里曾被朱塞佩·加里波第占领，当时他正带领乌拉圭人与阿根廷人交战。到了二十世纪，马丁加西亚岛通常被作为关押废黜总统的监狱。伊波利托·伊里戈延在1930年发生第一次军事政变后曾在这里待了一年。1955年，庇隆将军也曾在这里逗留一段时间，之后前往巴拉圭寻求庇护。到了六十年代，阿图罗·弗朗迪西也不幸来到了这里。而近期，仅有不足200名居民的马丁加西亚岛成了一个自然保护区，从老虎洲来的远足爱好者也很喜欢来这里。

老虎洲是布宜诺斯艾利斯北部的一个地方，面积约为13000平方公里，巴拉那河在这里分成众多小支流，汇入拉普拉塔河口。它的名字（Tigre）据说源于美索不达米亚的底格里斯河（Tigris）。南美大陆腹地的泥沙被河水裹挟，在这里形成了3000多个小岛。十九世纪中叶以来，许多小岛成为远离首都尘嚣的休闲娱乐场所。在多明戈·萨米恩托总统的推动下，这片三角洲群岛在十九世纪六十年代成为热门观光地，特别是1865年第一条铁路建成通车后，从市区到这里30公里左右的行程从一天缩短到仅需一个小时，让这里越发受人欢迎。如今名为"海岸列车"的观光火车仍在运行，从市区来此的车程仍是一小时左右，沿途经过铁拉桑塔公园等景点。阿根廷将这里包装成了"全世界第一个宗教主题公园",以庸俗的方式再现了"圣地",有演员装扮成耶稣基督、牧羊人等角色。人们还可以乘坐奶油色的60路公交车开启一场史诗之旅,无论白天或夜晚,都可以乘坐这趟车从市中心的宪法站出发,前往老虎洲镇集市。

1871年,黄热病在布宜诺斯艾利斯肆虐,促使上流阶层到城市外围来修建宅邸作为避难场所。英国人格外青睐老虎洲,他们于1888年成立了老虎洲游艇俱乐部,此时兴建的别墅宅邸至今仍被视为英式建筑的典范。其他欧洲移民群体纷纷效仿,意大利人和德国人也在老虎洲镇的河边建立了赛艇俱乐部。许多岛上仅有一处房产,可能是奢华的豪宅,也可能只是以瓦楞铁作为屋顶的简易小屋。伊索贝尔·斯特拉奇在1947年的小说《布宜诺斯艾利斯之夏》中追忆了这里令首都居民难以忘怀的宁静与祥和:"以轻型板材或瓦楞铁搭建的船屋漆成白色和深蓝色,静静立在水上,旁边长长的河岸上是一丛丛的绣球花,浅蓝色的花朵簇拥成饱满的圆球状,点缀在绿色的叶子中间。网格花架掩映着位于后方的白色小屋,屋外连着长长的木阳台和游廊。"

三角洲上没有公路,运输全靠船只。交通相对便利的地方设有工会的体育俱乐部,而高级的封闭式社区则藏身于较偏僻的岛上。由于多年来疏于管理,这里水污染严重,臭气熏天,设施老旧。不过近年来,老虎洲已重新得到开发,不止吸引着游客到来,也再次赢得布宜诺斯艾利斯富人的青睐。

巴拉那河至今仍是重要的贸易通道。罗萨里奥和圣达菲在历史上一直是潘帕斯草原谷物出口的重要港口。这条河还连接着阿根廷北部的亚热带地区;人们常将这里与乌拉圭河之间的区域称为美索不达米亚。再往北是阿根廷的两个主要旅游景点:伊瓜苏瀑布和耶稣会在十八世纪为瓜拉尼印第安人建立的定居点遗址。只有在这里，才能感觉到阿根廷与南美其他地区存在真正的联系，这里的环境和生活方式与首都的忙乱节奏毫不相干。出生罗萨里奥的最著名人物是在他母亲的肚子里从米西奥内斯省北部的亚热带地区南下来到这里的——尽管他对此浑然不觉。他就是埃内斯托·格瓦拉·林奇的儿子——埃内斯托·"切"·格瓦拉。格瓦拉·林奇尝试的商业项目总是无果而终。受到马黛茶种植业兴旺的吸引，他在布宜诺斯艾利斯以北1900公里的米西奥内斯购置了土地，并于1927年举家搬迁。妻子塞莉亚怀上埃内斯托后，他们认为沿着漫长的水路前往更发达的罗萨里奥是一个明智的选择，于是1928年5月14日，塞莉亚在罗萨里奥生下了未来的革命家。但他们并未在这里多做停留，不久就将新生的婴儿交给了布宜诺斯艾利斯的亲戚抚养。后来，格瓦拉·林奇经营马黛茶种植园再次失败，切·格瓦拉的哮喘病也因北方的温度和湿度而更加严重，于是一家人便迁离了此地。也许正是最初的两次南美腹地穿越之旅令年轻的埃内斯托对探索与体验这片大陆的生活产生了兴趣。

穿越河口

位于布宜诺斯艾利斯北部的一家造船厂是切·格瓦拉的父亲在二十世纪二十年代参与过的另一个经营项目。与最富裕的布宜诺斯艾利斯人一样，格瓦拉一家的社交生活也以圣伊西德罗游艇俱乐部为中心。驾船爱好者从这里出发前往河口，有时在那里进行比赛，有时只是在河面上随意漂流。此外也可以前往河对岸的乌拉圭。正对布宜诺斯艾利斯的是殖民小镇科洛尼亚德尔萨克拉门托。这个建在半岛上的小镇是乌拉圭最古老的小镇，最初由葡萄牙人于十七世纪建成。在接下来的两个世纪里，科洛尼亚发生过多次战争，对它的控制权在阿根廷和巴西之间数次易手，直到1828年归入所谓的"东岸共和国"（拉普拉塔河东岸，即乌拉圭）。时至今日，这里的历史要塞和教堂已被联合国教科文组织列入《世界遗产名录》，每到夏季的周末，都有成千上万的阿根廷人涌向这里（搭乘高速水翼船跨河仅需不到一小时），不过他们只是来此休闲的，可不是来打架的。

科洛尼亚的沙滩和拉普拉塔河这一侧的沙滩一样泥泞，因此想要享受沙滩与阳光的阿根廷人会继续向东，前往与乌拉圭河口相连的大西洋沿岸。乌拉圭首都蒙得维的亚周边有一些度假村，这里距离布宜诺斯艾利斯80公里，拉普拉塔河从两个城市中间流过。与阿根廷的首都一样，最初的定居者也是看中这里位于一处海角，可作为强大的防御阵地（据说这个城市的名字源于一名水手呼喊"Monte-video"——"我看见了一座山"）。如今这个城市有近150万人口。这让许多布宜诺斯艾利斯人认为，这里比他们的那个大都市要小很多，生活节奏也慢得多，但它仍然享有独特之处。不过，大部分来这里度假的阿根廷人都会前往河口的最前沿，河岸在这里向北转弯，与大西洋海岸相连。这里最著名的度假胜地是埃斯特角，冬季通常仅有不足一万人，但从圣诞节到来年三月底的夏季期间，人数可暴涨至超过50万。成千上万的布宜诺斯艾利斯人每年夏天都会乘短途航班来这里度过两三周的假期，温暖的浅海是理想的儿童乐园。

埃斯特角人满为患，于是近年来兴起了在半岛另一侧租房甚至买房的风潮，这里的大西洋海面风高浪急，目前仍然只能提供最基本的住宿条件。乌拉圭人口仅300万多一点，经济在很大程度上依赖外国游客。这里的海滩是反映几个邻国经济状况的最佳晴雨表。在2001—2002年阿根廷经济危机期间，阿根廷游客的人数急剧减少，而智利和巴西游客则多了起来。现在，南锥体各国都处于经济稳步增长的时期，因此埃斯特角的海滩又呈现出人山人海的热闹场面。

走向潘帕斯草原

从布宜诺斯艾利斯向西或向南，很快就能进入广阔的潘帕斯草原腹地。每到节假日，成千上万的布宜诺斯艾利斯人便涌上泛美高速公路，赶着出城下乡。较富裕的人们大多前往封闭式的乡村俱乐部，在那里与同样来自首都的邻居们欢聚一堂，享用阿萨多烤肉，打网球或划船，孩子们则在户外游泳玩耍。条件一般的家庭会前往工会或庇隆主义党人设立的俱乐部。庇隆总统是推广带薪假期的第一人，他同时也鼓励工人参与社交活动。想要在布宜诺斯艾利斯城外玩上一整天或度过一个周末的市民和游客通常会前往一些"典型的"小镇，那里的生活仍然以农业活动为主。圣安东尼奥阿雷科镇就是这样一座历史小镇，这里已成为最受布宜诺斯艾利斯人欢迎的度假地，附近的牧场设有以小说《堂塞贡多·松布拉》为主题的小型博物馆，二十世纪二十年代，牧场主里卡多·吉拉尔德斯正是在这里创作了这部作品，它是继《马丁·菲耶罗》之后又一部关于高乔人生活的重要作品。堂塞贡多的原型是一个真正的高乔人，他体现了百折不挠的阿根廷牛仔神圣的价值观：极端独立，忠心耿耿，与大自然融为一体。如今，高乔人更愿意为游客表演节目，在与小公牛摔跤的过程中把它制服，骑着马表演变戏法，或是穿上斗篷和黑色灯笼裤，腰间挂着法克恩斯长刀，跳起马兰波等乡村舞蹈。

除了这些旅游小镇，他们还精心复原了杂货店，乳品店里仍售卖当地制作的奶酪和桶装牛奶酱，特产店则出售潘帕斯草原上制作的皮具和织品——通常采用最原始的土著纹样。这些仍在运营的牧场仍然养牛，种植小麦，200年来始终不变。散落在潘帕斯草原上的小镇通常看起来大同小异。它们可能是在十九世纪后期以火车站为中心发展起来的。每个小镇的定居者通常是都属于某一个特定的移民群体——意大利人、西班牙人，或叙利亚-黎巴嫩人。因此，每个小镇都有独特的风情。这些小镇都采用棋盘式布局，平房围绕着中心广场而建，广场四周坐落着教堂、政府和主要的商店/酒吧。广场中央通常有一座花园，树木被刷上石灰水预防虫害，中心是圣马丁将军或其他民族英雄的半身像或骑马像。靠近布宜诺斯艾利斯的这部分草原一直维持着农业传统，不过越来越多的肥沃土地已经改种大豆，以便能更快地获得收益，大部分是转基因大豆，因此受到环保组织的非议，但政府似乎对其可能造成的影响并不在意。

从布宜诺斯艾利斯市向西北方向行进约60公里，就到达了阿根廷最重要的基督教圣地。在卢汉镇的中心，坐落着卢汉圣母圣殿。主祭坛后方的小礼拜堂内有一尊阿根廷的守护神卢汉圣母的小雕像。据传说，1630年，人们本打算把这座雕像从巴西运到布宜诺斯艾利斯，但行至卢汉后，人们无论如何也无法让马车继续前进了。于是人们只好把这尊雕像请下来，在这里为它修建了圣殿。每年都有上百万阿根廷天主教徒来这里拜谒，很多人信守对圣女许下的诺言，从首都徒步前来。教堂本身是一座乏善可陈的新哥特式大型建筑，历时50年终于在1937年建成。

在阿根廷经济动荡的时期,更多首都居民会回到大西洋沿岸的度假地来。位于布宜诺斯艾利斯东南约400公里处的马德普拉塔是历史最悠久,也是目前最大的度假胜地。每到一二月,大批市民举家来到这里,在海边游泳,踢足球,享用阿萨多烤肉和马黛茶,与他们在这里聚会的朋友通常与他们在布宜诺斯艾利斯交往的是同一批人。二十世纪三十年代,马德普拉塔开始以赌场(据说是当时全世界最大的赌场)和环绕海滩的宁静浅海而著称。四五十年代,这里是阿根廷最受欢迎的度假区,自大的阿根廷人从地中海或加勒比海旅行归来后总会自豪地宣称:"哪儿都比不上马德普拉塔。"不过从那以后,年轻人开始青睐更有活力的小型度假村,如更北的毕拿玛和格塞尔海滨。阿根廷当代作家艾伦·保尔斯小时候有15年的夏天都在格塞尔度过,他在《赤脚生活》中讲述了他对那段岁月的记忆:"柏拉图曾将沙滩形容成中性、吸收力很强的表面,格塞尔镇正是这种观点的历史证明,对我个人而言它也是这个观点的证明。一片空白是极好的,它(这就意味着它总是面临毁灭的威胁)成为西班牙征服者、探险家和拓荒者的完美幕布,只有他们可以奢侈地随意把任何画面投射在上面,不会因违背了任何本性而感到愧疚。"

海滨度假区与布宜诺斯艾利斯之间唯一的重要城市是省会拉普拉塔市。尽管这里离布宜诺斯艾利斯不到65公里,但生活却轻松很多,节奏也慢得多。这个城市在1880年布宜诺斯艾利斯成为共和国联邦首都时建立,也采用了早期的城市模板,街道为棋盘状,大道沿对角线方向延伸,每六个街区有一个花园。这里还有著名的动物园和几个重要博物馆,其中最主要的是自然科学博物馆。此外,这里的大学也一直是全拉丁美洲有志从事自然科学与兽医学研究的学生们理想的求学圣地。1945年,胡安·多明戈·庇隆在拉普拉塔市与艾娃·杜阿尔特成婚,在她1952年过世后，这里改名艾薇塔市，1955年庇隆政权被推翻后又恢复原名。

从布宜诺斯艾利斯向西北行进，要经过数百公里才能抵达下一个主要城市——阿根廷第二大城市科尔多瓦。这个城市于1573年建立，历史比布宜诺斯艾利斯更为悠久，也留存着更多关于殖民时期的回忆。在之前的整整两个世纪里，这里一直是与西班牙一切贸易活动的必经之路。货物经过科尔多瓦、图库曼、萨尔塔，一路向北，一直抵达玻利维亚。贸易带来的财富让这个城市建起了奢华气派的教堂等建筑，至今仍然矗立。紧邻潘帕斯草原的山区也位于科尔多瓦省，因此，这里成为布宜诺斯艾利斯人躲避高温和喧嚣的理想度假胜地。继续向西，下一个稍具规模的城市在950多公里以外。事实上，门多萨坐落在安第斯山麓，安第斯山脉由北向南延伸，构成阿根廷的西部国界。门多萨是一个繁华喧嚣的地方，它不仅是这个国家红酒产业的中心，也是通往邻国秘鲁的门户。

首都周边的空旷反而更加凸显了这里封闭、自给自足的特质。这个城市盘踞在大陆边缘，自顾自地经营着自己的生活，不仅很少关注阿根廷其他的状况，对整个美洲的境况也几乎都漠不关心。尽管它已经在"静止的"拉普拉塔河畔存在了数百年之久，但胡里奥·科塔萨尔仍然不无矛盾地将这个城市比喻为一波涌浪，流动与变化永不停息：

根基永恒静止的
布宜诺斯艾利斯是一波
无穷往复的水浪，
在漠不关心者眼中一成不变

但任何看向波峰的人
都会发现它瞬息万变，
浪尖的弧线，
起起落落。

Buenos Aires, First published in 2014 by Signal Books,Oxford © Nick Caistor, 2014
Simplified Chinese translation rights arranged through Rightol Media
Simplified Chinese edition copyright: 2019 New Star Press Co., Ltd.
All rights reserved.

图书在版编目（CIP）数据

布宜诺斯艾利斯传：大西洋岸边的不老舞者/（英）尼克·凯斯托著； 毕然译．
—— 北京：新星出版社，2019.8
（丝路百城传）
ISBN 978-7-5133-3601-7

Ⅰ.①布… Ⅱ.①尼… ②毕… Ⅲ.①文化史－研究－布宜诺斯艾利斯 Ⅳ.① K783.03
中国版本图书馆 CIP 数据核字（2019）第 121270 号

出版指导：陆彩荣
出版策划：彭明哲　简以宁

布宜诺斯艾利斯传：大西洋岸边的不老舞者

[英] 尼克·凯斯托 著；　毕然 译

责任编辑：简以宁
特邀编辑：纵华政
责任校对：刘　义
责任印制：李珊珊
装帧设计：冷暖儿

出版发行：	新星出版社
出　版　人：	马汝军
社　　　址：	北京市西城区车公庄大街丙3号楼　　100044
网　　　址：	www.newstarpress.com
电　　　话：	010-88310888
传　　　真：	010-65270449
法律顾问：	北京市岳成律师事务所

读者服务：010-88310811　　service@newstarpress.com
邮购地址：北京市西城区车公庄大街丙3号楼　　100044

印　　刷：	天津图文方嘉印刷有限公司
开　　本：	660mm×970mm　　1/16
印　　张：	16.25
字　　数：	195千字
版　　次：	2019年8月第一版　2019年8月第一次印刷
书　　号：	ISBN 978-7-5133-3601-7
定　　价：	79.00元

版权专有，侵权必究；如有质量问题，请与印刷厂联系调换。